萌え萌え
天使事典
Side白
illustrated by 空中幼彩

萌え萌え
天使事典
Side白
天使・悪魔事典制作委員会編
イーグルパブリシング

萌え萌え天使事典 Side白

ヤハウェ ~YHVH~

四大天使

~four Archangels~

御前の七天使

~Angels in the presence~

キリスト教・ユダヤ教の天使

~Angel of Christianity & Judaism~

グノーシス主義の天使

~Angel of Gnosticism~

イスラム教の天使

~Angel of Islam~

Contents

ゾロアスター教の天使
~Angel of Zoroastrianism~

近代の天使
~Angel of modern ages~

天使&宗教　資料編

Column
天使と呼ばれた人々

どこかの国のどこかの街で、追いかけっこする天使と悪魔がひとり。
追われているのは天使の少女。地獄の世界に潜入したこの天使は、地獄の秘密を持ち帰る途中、悪魔の女の子から追われているようだ。

大事な大事な地獄の秘密、バレたらアスタロト様にKillされちゃうよ！
こら待てハニャエル～！　天国にはゼッタイ帰さないぞっ！
どうしても帰りたいなら、秘密の詰まったその脳味噌だけおいてけ～～っ!!

待つわけないのです～。悪魔はあさはか **（ガン！）** ふぎゅ～
……（ぱちくり）はれ、ここはどこ？　わたしはだれ？

しらじらしい演技するんじゃね――っ！
いまどき、電柱に頭ぶつけて記憶無くすやつなんているわけないだろ！
よっし馬鹿ハニャGETぉ！　これで地獄に戻れば万事解決……

あら、ハニャエルさんお帰りなさい♪
今日はお友達も一緒なんですね。

うるさいのです～、ハニャエルなんて知らないのです。
ところであなたは誰なのです？

うそっ!?　あれってたしか、四大天使の「ガブリエル」じゃないか！
もしかしてあのバカ天使、ほんとに記憶無くしちゃったのかーっ!?
……っていうかこの状況、ボク的にもと～ってもヤバイんじゃない!?

ほほう、大事な情報を持ったまま記憶喪失ですか……
お仕置きが必要ですねえ……

凡例と注意点

凡例

本文内で特殊なカッコが使われている場合、以下のような意味を持ちます。
・『　』……原典となっている資料の名前
・《　》……原典を解説している書籍の名前

天使の呼称について

本書では、天使の名前などについて表記法が複数ある場合、もっとも有名な表記ルール、権威のある表記ルールなどを選び、適用しています。ですので、みなさんが知っている天使が、若干違った名前で表記されていることもあります。

天使の階級や役目について

天使がどの階級に属し、どんな役割を持つかは諸説があります。本書では、特定の説が圧倒的に支持されている場合や、異説が宗教的異端や民間信仰によるものである場合は、異説を無視し、やや断定的な表現を行っている場合もあります。

案内役のご紹介

ガブリエル

大天使ガブリエルともうします。名前も天使の常識も大事な情報も、ぜんぶまとめて忘れてしまったハニャエルさんのために、わたくし直々に特・別・授・業をすることにいたしましょう。お友達の悪魔さんもご一緒みたいですが、さてはてどうなりますかしら？

グレム

ボクはグレム、悪魔だよ。地獄の情報を盗んだハニャエルを追いかけてきたら、なんか妙なことになっちゃった。ホントに地獄の秘密を忘れたのか、ちゃんと確かめなくちゃ。（ブルブル）でもあのガブリエルって天使、めっちゃ恐い！　早く地獄に帰りたいよ～！

ハニャエル

（頭にたんこぶをたくさん作って）お、思い出したのです、私はガブリエルさまの部下で、天使のハニャエルなのです。はうぅ、とくべつじゅぎょー、困りました。ちゃんとベンキョーしないと、今度はどんなお仕置きがあるかわかんないのです～！

はじめに

「神は言われた。「光あれ。」こうして、光があった。」

これは、旧約聖書に収録された天地創造の物語『創世記』の一節です。神が七日間で世界をつくった一日目、天使は光とともに生まれたと信じられています。

こうして生まれた天使は、キリスト教の普及とともに世界に広がりました。いまでは、天使を知らない人はほとんどいないでしょう。

この「萌え萌え天使辞典 side白」は、天使の出身地である「キリスト教」「ユダヤ教」「イスラム教」と、天使や天界の元ネタになった宗教「ゾロアスター教」を中心に、45組53体の天使を集めた事典です。収録する天使は、天界の中心となる有名な天使のほか、資料性と面白さを基準に選びました。

一見軟派な本に見えますが、解説文の充実にはとくに気をくばっています。また、後半の解説ページでは宗教そのものに焦点をあて、キリスト教など宗教の基本がわかる解説を掲載。宗教について知った気になれる構成になっています。

人間の最良の友人、天使たちの事典。どうぞお楽しみください！

天使のイラストについて

キリスト教、ユダヤ教、イスラム教では、天使は性別をもたない存在です。しかし本書は「萌え萌え天使辞典」として、すべての天使を女の子天使としてイラスト化しました。

イラストレーターの皆様には、天使の特徴や独特の小道具、性格などを生かして腕を振るっていただきました。「天使辞典」ならではの可愛いイラストで、天使たちの新しい魅力をみつけてみてください。

よく登場する資料について

天使に関する資料について最低限理解しておくと、解説をより深く理解できます。本書はしばしば以下の資料から記述を引用します。

『旧約聖書』……キリスト教、ユダヤ教の聖典。イスラム教も一部を採用

『新約聖書』……キリスト教の聖典。イスラム教も一部を採用

「聖書外典、偽典」……ユダヤ教またはキリスト教の宗教文書のうち、教会に聖書として公認はされていないが、資料的価値が高いもの

『律法（トーラー）』……ユダヤ教の聖典。『旧約聖書』に収録された文書のうち、もっとも重要な5つをこの名前で呼ぶ。「モーセ五書」とも

『クルアーン』……イスラム教独自の聖典。コーランとも発音される

ヤハウェ

YHWH

キリスト教で「神」と呼ばれているわたくしですけれど、じつはユダヤ教徒やイスラム教徒のみなさんが信仰している「神」も、わたくしのことなんですのよ。3つもの宗教で信仰していただいて、わたくしは幸せ者ですね。

この世に一人！　みんなの神様

ヤハウェ

3つの宗教で信じられた唯一神

キリスト教は、この世にただひとりの神を信仰する宗教だ。キリスト教徒は神のことを「主」「わが父」などと呼ぶが、もちろん呼び名以外に正式な名前がある。しかしいろいろな事情があって、神の正確な名前は伝わっていないのだ。ここで紹介する「ヤハウェ」は、神の本名候補のなかでもっとも有力なひとつだ。

ヤハウェは全知全能であり、この世界をつくりだした創造者だ。世界の神話では、世界を産みだした創造の神というのは非常に観念的で、人格を感じさせないような無機質な神が多い。だがヤハウェはそれらの神とは違って、非常に人間くさく、感情的な神として描かれている。人間がヤハウェとの約束を破るとヤハウェは激怒し、人間に厳しい罰を与えるのだ

ヤハウェを信仰しているのはキリスト教だけではない。現在のイスラエルに住んでいるユダヤ人の宗教「ユダヤ教」の神もヤハウェその人だ。そもそもキリスト教じはユダヤ教から派生して産まれた宗教で、どちらも同じくヤハウェをたたえる『旧約聖書』を聖典としている。

また、キリスト教と並ぶ世界三大宗教のひとつ「イスラム教」は、アッラーという唯一神を信仰している。このアッラー、じつはヤハウェと同一人物なのだ。

それもそのはず、イスラム教はユダヤ教やキリスト教を参考にして作られた宗教で、『旧約聖書』の一部はイスラム教でも経典のひとつになっているのだ。

神サマ七変化

キリスト教やユダヤ教の教義では、ヤハウェはいかなる身体的な形も持たないことになっている。しかしキリスト教とユダヤ教の聖典である『旧約聖書』には、岩、盾、光、太陽、歌、陰などさまざまな言葉で神の出現を表現した記述が見られる。このため、神がなんらかの姿に変身できることは間違いないだろう。

決定的な記述は、旧約聖書におさめられた天地創造物語『創世記』にある。これによれば、神が最初の人間アダムをつくるときに「我々にかたどり、我々に似せて、人を造ろう」と明言しているのだ。つまり、神が持つさまざまな姿のうち少なくともひとつは、われわれ人間とよく似た姿だったことは確実だ。

illustrated by 黒谷忍

あなたのお名前なんてーの？

現在、神の本名は「ヤハウェ」または「ヤーウェ」と呼ばれることが多い。しかしこの名前は、あくまで研究による推論にすぎない。

神の名前が失われた理由は、ユダヤ人が使っていたヘブライ語という言語の性質にある。ヘブライ語は、単語の発音を決める「母音」を持たない言語なのだ。

たとえば、ローマ字で「天使」と書くと「tenshi」となる。ここから母音を抜くと「tnsh」となるわけだ。「tnsh」とだけ書いてあっても、文字を見ただけではどんな発音をすればいいのかわからない。これと同じように、文献に残されている神の名前を知っても、正確な発音が何であったかは推測するしかないのだ。

神の本名は、ヘブライ語で「YHWH」に相当するアルファベットで表現される。この四文字は神聖四文字「テトラグラマトン」と呼ばれ、紀元前の文献に何度も登場する重要な文字だ。この「YHWH」にどんな母音をあてれば適切な読みになるのか……これはキリスト教、ユダヤ教の学者を長く悩ませ続けてきた。

近年まで日本で主流だった読み方は「エホバ（YeHoWaH）」というものだ。この読み方は、旧約聖書の翻訳パターンのひとつ「文語訳聖書」で使われている。この「文語訳聖書」が日本語に翻訳されて広まったので、日本では「エホバ」が一般的だった。それとは違って最近研究者のあいだで主流なのが、「ヤハウェ（YaHVeH）」または「ヤーウェ（YaHWeH）」という読み方なのである。

なお、このヤハウェという表現をキリスト教徒やユダヤ教徒が使うことは非常に少ない。なぜなら旧約聖書に、「神の名前をみだりに唱えてはならない」という決まりが書かれているからだ。この決まりは、海を割って海底を歩いた伝説で有名なユダヤ人「モーセ」が神と交わしたとされる10の契約のひとつで、これら10個の契約をまとめて「十戒」と呼んでいる。

現在ユダヤ教徒やキリスト教徒は、神の名前を直接口にしないように、「主」という意味を持つ「アドナイ」、あるいは「エロヒム」という単語を使っている。

天使をつくったヤハウェ様

この本の主役である「天使」も、もちろん神が作ったものだ。

神がいつ天使を作ったのかについては今でも議論が盛んだが、「神が世界をつくった7日間のどこかで一緒につくった」という点については共通している。

中世ギリシャの神学者は、『新約聖書』の「はじめに言葉（ロゴス）ありき」という記述から、天使は神の言葉によって作られたと考えた。じっさい、神は「光あれ」という一言によって、世界に光を生みだしている。

余談だが、天使のなかには自分の名前のあとに「YHWH」の四文字がつけられた天使がいる。これはその天使が神の近くにいることをあらわすユダヤ教の手法であり、天使のなかでも特別な力を持つことをテトラグラマトンで表現しているのだ。

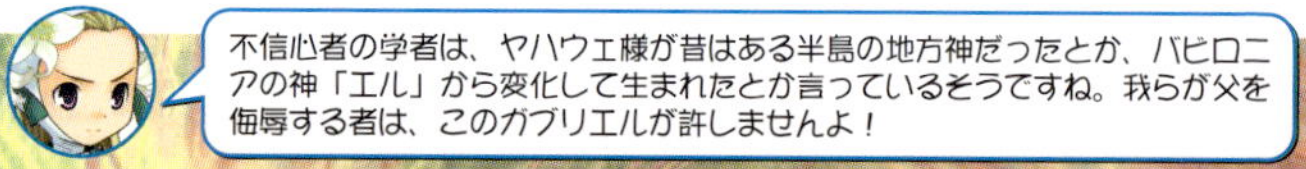
不信心者の学者は、ヤハウェ様が昔はある半島の地方神だったとか、バビロニアの神「エル」から変化して生まれたとか言っているそうですね。我らが父を侮辱する者は、このガブリエルが許しませんよ！

四大天使

four Archangels

キリスト教には数百の天使が確認されているが、そのなかで一番重要な天使が「四大天使」だ。ちなみに四大天使は英語で「four Archangels」。つまり意味的には四大・天使ではなくって、四・大天使という意味なのだ。ぜったい間違えるなよ！

竜も悪魔もまとめて退治！

ミカエル

人気も強さもナンバーワン

キリスト教では、名前のある者だけでも200を超える数の天使が知られている。そのなかでもっとも偉大なのが、大天使ミカエルだ。ミカエルは「四大天使」の筆頭であり、神と直接会うことを許された「御前の七天使」のリーダーでもある。

ミカエルの名前は、直訳すると「神に似た者」という意味になる。もっとも偉大な天使にふさわしい名前だが、一方でこの名前の本当の意味は「神のごとき者などいない」という逆説的な意味だという意見も根強い。この場合ミカエルは、自分の名前まで使って神の偉大さをアピールしていることになる。

ミカエルはさまざまな能力と役割を持っている。そのなかでもっとも重要なのは、悪と戦う戦士という役割だ。またそのほかにも、高潔さと公正さの守護者、光の支配者、真実の天使、死者の案内人といった役割がミカエルには与えられている。天界では、ミカエルは9種類に分かれている天使の階級の8番目、大天使のリーダーとされている。また、ミカエルの部下には、天使の階級の5番目で、地上に奇跡を起こしたり善人に勇気を与える「力天使《ヴァーチュズ》」たちが付き従っている。

キリスト教の宗教画では、ミカエルは戦士の鎧を着て、抜き身の剣と天秤を持った姿で描かれる。抜き身の剣は戦士の能力、天秤は死者の案内人の役割の象徴だ。

聖書のミカエル

聖書には何度も天使が登場するが、個人名が明記された天使は3人しかいない。ミカエルはその3人のなかでも聖書への登場回数が飛び抜けて多い。また、聖書には「ヤハウェの天使」「主の御使い」という呼び名で何度も天使が登場するが、この呼び名で登場した天使はすべてミカエルだと考えられている。つまり、聖書の天使に登場する天使の大半はミカエルなのだ。

ミカエルの活躍でもっとも有名なのは、新約聖書に収録された世界の終末物語『ヨハネの黙示録』だ。ミカエルは天使軍団の総指揮官として登場し、悪魔の王サタンとの一騎打ちに勝利している。余談だが、このときサタンは「火のように赤い大きな竜」、つまりレッドドラゴンの姿をとっていた。ヨーロッパでドラゴンがしばしば悪役として扱われる理由は、この『ヨハネの黙示録』にあるわけだ。

ミーカール様が何万粒の涙を流すか、13ページのデータから計算してみるのですよ。100万×100万×7万だから、1億の7万倍で、70京……あ、「京」は「兆」の1万倍だそうですよ。あうぅ、計算機じゃ表示しきれないのです……

また、旧約聖書に収録され、ユダヤ人の預言者ダニエルの活躍を描いた『ダニエル書』では、ミカエルはユダヤ人の国イスラエルの守護天使に任命されている。ミカエルと同じように国の守護天使となった天使は70人いるが、そのなかで堕落しなかったのはミカエルだけで、ほとんどが堕天使になってしまった。

ミカエルの前任者だった四大天使の同僚、ガブリエルですら、情に負けて一度は神の命令を無視している。ミカエルの責任感の強さは特筆すべきものだ。

世界に広がるミカエル人気

ミカエルはもともと、現在のイラク南部、カルデアの神だったといわれている。それがユダヤ人の信仰にとりいれられ、大天使ミカエルに変わると、ユダヤ教やキリスト教のなかで圧倒的な人気を集めることになった。

キリスト教の最大派閥「カトリック」では、ミカエルの戦士としての力を重視し、つねに悪魔の軍勢と戦っていると信じている。その偉大さから彼は「天使長」「天使の王子」の称号で呼ばれるようになり、世界中にミカエルの名前を冠する教会が乱立した。そのなかでも有名なのが、フランス北西部にある岩礁「モン・サン＝ミシェル」の教会だ。この名前は「聖ミカエルの山」という意味がある。

モン・サン＝ミシェルは海岸の先に浮かぶ幅1km、高さ24mの巨大岩で、細い道で海岸とつながり、岩の上には巨大な教会が建てられている。これは西暦708年にフランスの司教だったオベールという人物が、ミカエルの命令で小さな聖堂を建て、それを増改築してできあがったものだという。

カトリックと対立する宗派「東方正教会」では、ミカエルの「医師」の能力に注目する。彼らは、6世紀末にローマを襲った疫病「ペスト」が一掃されたのはミカエルのおかげだと教えている。また、トルコ南西部にあった街「コロサイ」には、ミカエルが作ったという薬泉があった。この泉の水を浴び、神とイエスと精霊、そしてミカエルに祈れば、どんな傷も癒すことができたという。

イスラム教ではイメージチェンジ!?

ミカエルは、イスラム教では「ミーカール」という名前で信仰されている。ミーカールはキリスト教時代とおなじく四大天使の筆頭で、どんなに面白い話にもまったく笑うことのない厳格な天使として描かれている。

ミーカールの外見は、精悍な戦士であるキリスト教のイメージとはかなり違っている。ミーカールはエメラルド色の翼とサフラン色の髪を持ち、その毛一本一本にはそれぞれ100万の顔がついているという。ひとつの顔には100万の目と100万の舌がつき、ひとつの目からは7万粒の涙がこぼれるという。

illustrated by けいじえい

グッドニュースをすばやくお届け

ガブリエル

天界一の敏腕メッセンジャー

ガブリエルは、キリスト教でもっとも重要な天使「四大天使」のひとりだ。彼女は天使九階級の八番目「大天使」だが、第一位の「熾天使」だとする説、第二位の「権天使」だとする説もある。

ガブリエルはじつに多種多様なものをつかさどっているが、すべての役割に共通しているのは「神の意志を人間に伝える」伝令の天使だということだ。なかでも特に重視されるのが「受胎告知の天使」、つまり女性が赤ん坊を妊娠したことを知らせる役割である。この役割のために、ガブリエルは出産の天使とも考えられるようになった。このほかにもガブリエルは、天恵、知恵、慈悲、贖罪、約束などを守護している。

一般的なキリスト教の神学では、ガブリエルは女性だと考えられている。その根拠は、カトリック教会の旧約聖書に収録された物語『トビト記』にある、ガブリエルは「神の左に座る」という記述だ。なぜこの記述がガブリエルが女性である証拠になるのかというと、『トビト記』が書かれた紀元前5世紀前後のユダヤ人社会では、家の主人の左側に座るのは女性だと決められていたからなのだ。

ガブリエルは世界中の画家たちによって最も多く描かれた天使のひとりであり、その姿にも無数の説がある。黄金の翼を持っている、剣と天秤を持っているなどの姿が一般的だが、もっとも多く描かれるのは、西洋で純潔の象徴とされている「百合の花」を持っている姿だ。

現在では、彼女が伝令の天使であることから、ガブリエルは電話技師、ラジオのキャスター、郵便局員、外交官などの守護聖人となっている。これは1951年、カトリック教会の教皇ピウス12世によって公認されたものだ。また、変わったところでは、ガブリエルは切手コレクターの守護天使でもあるという。

神の子誕生を直接お知らせ

ガブリエルによるイエスの受胎告知は、イエス・キリストの生涯を描き、新約聖書に収録された『ルカによる福音書』などに記されている。

ガブリエルは、カナン地方のナザレという町に住む女性「マリア」の前にあらわ

illustrated by シコルスキー

れると、マリアが処女でありながら子供をみごもったことを伝えた。このときガブリエルは、生まれてくる子供が神の子であり、イエスと名付けなければならないことも告げている。

このときガブリエルがマリアに挨拶したときの言葉「おめでとう、恵まれた方。主があなたとともにおられる。女たちのなかの祝福された者よ」は、聖母となったマリアをたたえる祈祷文「アヴェ・マリア」でも繰り返され、多くのキリスト教徒が知る重要な言葉となっている。

優しさゆえに命令違反

ガブリエルは天使のなかでもとくに優しい性格で知られる天使だ。彼女はその優しさのために、神の命令に反発してしまったことがある。

イスラエル人の契約違反に怒った神は、燃える石炭でイスラエルを焼き尽くすようにとガブリエルに命令した。だが彼女は人間を殺したくないので、燃える石炭を運ぶ馬車の運転手にのろまな天使を選び、石炭が届かないようにした。これが神の怒りに触れ、ガブリエルは「イスラエルの守護天使」の役割から追放されたという。(→p068)

イスラム教のガブリエル

ガブリエルは、イスラム教でも重要な天使として扱われる。イスラム教では彼女は「ジブリール」あるいは「ジャブライール」と呼ばれ、4人の偉大な天使「四大天使」に含められている。

イスラム教の教義では、ジブリールはイスラム教の預言者ムハンマドに、聖典『コーラン』の内容を伝え聞かせた天使だ。つまりイスラム教においても、ジブリールはガブリエル同様、伝令の天使という役割を持たされているわけだ。

また、イスラム教の聖地であるメッカには「カーバ神殿」という小さな神殿があり、そこにはただひとつ「カーバの黒い石」が安置されている。この黒い石も、ジブリールが預言者ムハンマドに渡し、ムハンマドが安置したものだという。

この石はイスラム教徒にとってきわめて重要な聖遺物であり、教徒はこの石をとおして唯一神アッラーへの信仰を表現する。イスラム教徒に義務づけられている一日五回の礼拝はこの石のある方向に向かって行われ、メッカに巡礼した教徒はこの石にキスするのが習慣となっていた。ただし現在では、信徒が何度もキスしたために石がすり減ってしまい、保護のために金属製の覆いがかけられてしまっている。

ジブリールの外見は、140枚の翼を持った天使と描かれている。だが一説によれば、預言者ムハンマドは2回だけ、ジブリールの真の姿を目撃したといわれている。それによればジブリールは600枚もの翼を持ち、空をすっぽりと覆う巨大な姿をしているという。ジブリールは人間に変身するのもうまく、人間に変身したガブリエルの正体は預言者ムハンマドに指摘されるまで誰にも気付かれなかった。

キリスト教では、9月29日がガブリエル、ミカエル、ラファエルの祝日らしいね。え、今までとずいぶん態度が違うじゃないかって？　あったりまえ、ボクは悪魔だよ？　本人も居ないところで、天使に敬語なんて使わないって！

聖書とはなにか？

キリスト教の天使について解説するうえで、切っても切り離せないのが「聖書」という存在だ。聖書とはなにか理解すれば、天使の活躍について理解しやすくなる。後半のモノクロページでも同じ事を解説しているけれど、天使について知るためにかならず必要な知識なので、あえてここでも紹介しておこう。

・聖書ってどんな本？

聖書は、ユダヤ教やキリスト教の**古い宗教文書を複数まとめたもの**だ。

数え方によっても総数は違ってくるが、旧約聖書は50種類前後、新約聖書は27種類の文書をまとめて作られている。

一般的に、旧約聖書『創世記』などと書く場合……

「旧約聖書の中に収録されている、『創世記』という文書」という意味になる。

ユダヤ教やキリスト教にとって、聖書は非常に重要なものだ。なぜならユダヤ教やキリスト教の信仰のあり方は、すべて聖書によって決められているからだ！

・旧約聖書と新約聖書

聖書には、旧約聖書と新約聖書の二種類があり、その内容はまったく違う。

旧約聖書は、紀元前8世紀～紀元前3世紀ごろのあいだに書かれた「ユダヤ教の宗教文書」をまとめたものだ。そして新約聖書は、紀元後1～2世紀ごろに書かれた「キリスト教の宗教文書」をまとめたものである。

キリスト教徒は旧約と新約の両方を聖書としているが、ユダヤ教徒は旧約聖書しか重視しない。**「新約聖書はキリスト教専用」**と覚えればいいだろう。

・聖書外典、偽典って何？

ユダヤ教やキリスト教には無数の宗教文書があるが、なかには正当な信仰に合わないものや、教義と大きく矛盾する文書がある。こういった文書を聖書に含めると、信仰の内容がゆがんでしまう。そこで宗教指導者たちは、都合の悪い内容が書かれた文書を正式な聖書から外すことで、正しい信仰を維持したのだ。

このようにして正式な聖書から外されたり、そもそも聖書に取り入れられなかった文書のことを「**外典**」や「**偽典**」と呼ぶのだ。逆に正式な聖書に取り入れられた文書を「**正典**」と呼ぶこともある。

「旧約聖書偽典『エノク書』」などのように書かれている場合、これは「旧約聖書にとりいれられなかった、『エノク書』という宗教文書」という意味になる。

この本に出てくる天使さんの多くは、聖書の正典には登場しません。
大部分は聖書の「外典」「偽典」に登場した天使さんたちです。だから外典や偽典はとても価値ある文書なんですよ。偽物なんて言わないでくださいね。

でも、ガブリエル様はちゃーんと聖書の正典に登場しているのです！
すごいのです！　さすがです！　四大天使はダテじゃないのです!!

痛いの痛いの飛んでいけっ♪

ラファエル

四大天使の治療担当

キリスト教やユダヤ教の天使から偉大な天使を上から順番にあげるとすれば、一番目と二番目をミカエルとガブリエルが分けあうことは間違いない。このふたりの次、三番目に重要な天使とされているのが、大天使ラファエルだ。

ラファエルはキリスト教の四大天使のひとりであり、おもに癒しの天使として知られている。それを裏付けるかのように、ラファエルの名前はずばり、ヘブライ語で医者を意味する単語「rapha」がもとになっているのだ。つまり彼の名前は「神の薬」という意味を持っていることになる。また、ラファエルの象徴物も、ユダヤ教が生まれた中東地方で癒しのシンボルである蛇だ。そればかりか、非常に穏やかな性格の持ち主で「天使たちのなかで最良の友」とも記されている。性格まで「癒し系」だというのだから徹底している。

天使は9つの階級に分けられるが、四大天使の例にもれず、ラファエルがどの階級の天使であるかは完全に確定していない。ラファエルの階級として明記されているのは9階級の8番目に位置する「大天使」だが、ものによっては第一位の熾天使、第二位の智天使、第四位の主天使、第六位の能天使だという資料もあり、なんと9階級中5階級がラファエルと関係のある階級だということになる。

ヨーロッパの絵画などでは、ラファエルの姿は6枚羽の天使として描かれる。その近くには、彼のシンボルである蛇が添えられることも多い。また天使の姿をしていないときは、ラファエルは巡礼者の杖を持ち、魚もしくは水筒をぶらさげた旅人として描かれることもある。

少年を見守るラファエル先生

ラファエルは癒しの天使として、ユダヤ人の祖先であるアブラハムが、陰茎の包皮を切り取る「割礼」の儀式をしたときに痛みを和らげたり、アブラハムの孫イサクが天使と相撲勝負をしたときに脱臼した股関節を元に戻してあげている。ラファエルの癒しを書いた物語は、数をあげればきりがないほどだ。

ところがラファエルの役目は癒しだけではない。彼はそのほかにも、旅人の保護者、人間たちの教師、風の天使、光と愛の天使など、多くの役割を持っているのだ。

illustrated by 了藤誠仁

その活躍は聖書の偽典や外典、それ以外の宗教文書などで無数に見ることができるが、そのなかで特にラファエルが「出ずっぱり」で活躍している文書がある。それは、キリスト教の過半数が旧約聖書の正典に入れている『トビト記』だ。
『トビト記』は、ユダヤ人の男性トビトの苦難と、その息子トビアの旅を描いた物語だ。この物語でラファエルは人間の青年の姿であらわれ、トビアの旅の道連れとしてさまざまな助言をする。トビアはラファエルの正体にまったく気付かなかったが、ラファエルに守られて無事に旅を終えた。

このためラファエルは、旅をする者、とくに巡礼者の守護天使と考えられるようになった。さらに、トビトの教師役として助言を続けたことから、彼は科学と知識の天使、若者の保護者という役目も持つことになったのだ。

なお、ラファエルが人間の姿をとり、杖と魚をもった姿で描かれるのは、この『トビト記』でのラファエルの姿が元になっている。彼は魚の内臓を使って、悪魔を追い払ったり、父トビトの病気を治すという奇跡を起こしているのだ。

また、ラファエルは神に直接会うことを許された「御前の七天使」のひとりだと考えられているが、その根拠も『トビト記』に書かれている。何を隠そう、ラファエル本人がトビアに向かって「自分は御前の七天使だ」と告げているのだ。天使本人が言ったのだから、これ以上確実なことはないだろう。

天使のセックス!?

癒しの天使にして子供たちの教師ということで、ラファエルに学校の保険の先生をイメージする人もいるかもしれない。実はラファエルは、実際に「保健体育」の先生のような仕事までさせられている。

17世紀後半、イギリスの詩人ジョン・ミルトンが書いた作品『失楽園』で、ラファエルは最初の人間であるアダムとエヴァ（イブ）の教師役をつとめている。ふたりがラファエルと一緒に夕食をとっているとき、アダムはとんでもない質問をする。なんと彼は、天使が男性だらけであることを指摘し、どうやってセックスをするのかとラファエルを問いつめたのだ。あまりの恥ずかしさに、ラファエルは顔を真っ赤にしてしまったという。つまるところアダムは、純情なラファエル先生に向かって「性教育」をするように頼み込んだわけである。

ラファエルによれば、天使はたしかにセックスをするが、それは人間がするような肉体的な交わりではないのだという。天使は肉体を持たないので、彼らにとってのセックスは快楽を求めたり子孫を残すためのものではなく、精神的なつながりを深めたり、ふたつの愛を結びつけるために行うらしい。

しかしラファエルの説明が正しかったどうかには疑問も残る。旧約聖書の偽典で、天使が数多く登場する文書『エノク書』では、グリゴリという役職の天使たちが肉欲におぼれ、人間の娘たちを犯して怪物のような子供を産ませているのだ。

72体の悪魔を操ることで有名な「ソロモン王」って人がいるけど、そもそもあの人が悪魔を操れるのはラファエルが送った指輪のせいなんだ。あの指輪のせいで先輩たちは毎日土木作業させられたんだって……お疲れさまでした。

天使のパン

あれ、ガブリエルさま、ハニャエル、何食べてるんデスか？

あらグレムさん。これはね「天使のパン」というのよ。
私たち天使は肉体がないから、人間のようなご飯を食べられないのです。だから、この「天使のパン」を食べるのですよ。

・天使の食べ物「天使のパン」

天使たちは「天使のパン」と呼ばれるものを唯一の食料としている。このパンは蜜でできた薄いパンのようなもので、「マナ」いう別名でも呼ばれている。天使のパンは神の生み出したもので、肉体、精神の両方に栄養を与えるのだ。

天使のパンは、天使だけでなく人間にとっても素晴らしい栄養源であるらしい。旧約聖書におさめられたユダヤ人の伝説書『出エジプト記』では、ユダヤ人たちが砂漠の荒野で、神から食べ物を与えられるシーンが描かれている。このとき神が人間に与えた食べ物こそ「天使のパン」なのだ。ユダヤ人は天使のパンを食べ続け、40年ものあいだ砂漠を旅することができたという。

ただしユダヤ人が食べた天使のパンは、本来のものとは違う形をしていた。このパンは薄い板状ではなく、白くて薄いウロコか霜のような形をしていたという。

・天使のパンは実在する？

じつは天使のパンは、実在する食物である可能性がある。砂漠などの乾燥地帯に生える低木「タマリスク」につく糖分のかたまりこそが「天使のパン」ではないかというのだ。

タマリスクには小型昆虫が付着するのだが、この昆虫はタマリスクの樹液を吸って、蜜を吐き出す。蜜は砂漠の風によってすぐ乾き、アメのようになって樹にこびりつくのだ。現在ではこの糖分こそ「天使のパン」だろうと思われている。

へぇ、なんだかうまそうだなぁ。
ハニャ～、ボクにも一個ちょうだいよ～。

ざ～んね～んで～した！
天使のパンは、ハニャエルみたいに心の清らか～な人にしか食べられないのです。
悪魔は、地獄の謎生物でも焼いて食ってるのがお似合いなのです！

というわけで、さっそく天使のパンをいただくのです♪（ムシャムシャ）
うっ!? 変なのです、なんだか、にがしょっぱマズいのです……。

あたりまえです！
そんな性根で天使のパンを食べられるはずないでしょう！　反省なさい！

悪魔にされたり、人間になったり

ウリエル

四大天使のイレギュラー

ウリエルは、キリスト教の四大天使でただひとり、聖書の正典に名前が登場しない天使である。そのためウリエルはほかの3人にくらべて地味に見られがちだが、かわりに、ほかの3人にはまったく縁がない特別な経験をした天使でもあるのだ。

ウリエルの名前は「神の炎」または「神の光」という意味を持ち、炎や太陽の天使として知られている。彼はさまざまな特徴や役目を持っているが、そのなかでもっとも重要なのは「監視」「預言」「解釈」の三要素だ。

ウリエルは天使のなかでもっとも鋭敏な目を持つといわれ、地上や天界の異変にいち早く気付く。そしてウリエルは、察知した異変を「預言」の形で人間たちに伝え、秘密の知識について「解釈」つまり説明するのだ。箱船伝説で有名な「ノア」に洪水の到来を伝えたのはウリエルだし、旧約聖書に収録された歴史書『エズラ記』では、預言者エズラが見た神から預言が何を意味しているか解説している。ウリエルは、人間たちの生活を守り知恵を与える、いたれりつくせりの天使なのである。

だが勘違いしてはいけない。ウリエルはけっして優しい天使ではない……むしろ、無慈悲で厳格な管理者という評価こそがふさわしいのだ。その性格は、新約聖書の外典で、世界の終わりについて書かれた文書『ペテロの黙示録』でくわしく知ることができる。この文書によればウリエルは地獄の管理者であり、神を冒涜する者の舌をしばって吊り下げ、永遠の炎で火あぶりの刑にするのだ。ウリエルは地獄での仕事にけっして妥協せず、無慈悲かつ厳格に仕事を進めているという。

また別の資料によれば、ウリエルは「最初の人間」アダムとエヴァが暮らしていた楽園「エデンの園」の門番であり、炎の剣を持って警護にあたっているらしい。

さらにウリエルは太陽の支配者であり、地震、嵐、火山の噴火、落雷といった天変地異をつかさどる天使でもある。古代ヨーロッパでは雷は厳格さと裁きの象徴であり、その性格にピッタリの属性だといえるだろう。また、上に書いたようにウリエルは「神の炎」という意味の名前を持つが、地震や火山をつかさどることから、中世の神学者には「大地の天使」という属性を与えられている。

ウリエルの象徴物は巻物と本、または炎の剣だ。巻物と本は「解釈の天使」としての側面を、炎の剣は地獄または天国の管理者の一面をあらわしている。

illustrated by 蒔島梓

人間になった天使

ウリエルは、旧約聖書の偽典である文書『ヨセフの祈り』で、衝撃的な発言をしている。それは「われは人間の中に住むため地上にくだり、ヤコブと呼ばれる」というものだ。このヤコブは、神から「イスラエル」という名前を与えられた、ユダヤ人の先祖にあたる人物だ。

ウリエルの発言は何を意味しているのか？　聖書に書かれた言葉の意味を研究している神学者によれば、この発言は、ウリエルが地上に降りて天使をやめ、人間に変わったことをあらわしているというのだ！

人間が天使になった例は、預言者エノク（→p028）や預言者エリヤ（→p032）など複数あるが、逆となると話は別だ。『ヨセフの祈り』の記述を信じるならば、ウリエルは天使のなかでただひとり、人間になった天使なのである。

ウリエルの由来

ウリエルという天使のもとになったのは「ウリヤ」という預言者だといわれている。預言とは未来予知ではなく、神の声を聞いて民衆に届けるという意味だ。

ウリヤは旧約聖書に収録された文書で、預言者エレミヤの生涯を描いた『エレミヤ書』に登場する。彼はユダヤ人の王を非難したため、怒った王に殺された。

この当時、イスラエル南部はユダヤ人王朝「ユダ王国」が統治していた。王家はユダヤ教の敵である「バアル神」を信仰し、周辺国との融合をはかっていた。ウリヤは「神だけを信仰するという約束を破った」として王家を非難し、隣国バビロニアの王が「神のしもべ」となってユダ王国に攻め込むと預言していた。

なぜ預言者ウリヤが天使ウリエルとなり、現在のような役割を得たのかはわからない。だが、異教崇拝の異常性に気づき、相手が王であっても厳格に神の声を届けた姿には、ウリエルの特徴と似たところが多いのは間違いない。

しまいに堕天使呼ばわり……

すでに書いたとおり、ウリエルは四大天使のなかで唯一、聖書の正典に名前が登場しない天使だ。そのためウリエルはとんでもない体験をしている。なんとウリエルは、何も悪いことをしていないのに堕天使に変えられてしまったのだ！

ウリエルが堕天使にされたのは、カトリック教会が、過熱した天使信仰を抑えるために、聖書の正典に登場しない天使をすべて否定したからだ。（→P038）

この当時ウリエルは多くのキリスト教徒に認められた重要な天使だったが、その名前が聖書に登場しないばかりに、やり玉にあげられてしまったのだ。ウリエルはその後「堕天使」の汚名だけは撤回されたが、天使に戻ることは許されず、現在では聖人「聖ウリエル」として、手の上に炎をのせた姿で描かれている。

ウリエルさんは恐い方ですけど、秘密の知識を教えてくれる知恵の天使でもあるのですよ。物質をほかの物質に変える「錬金術」などがその代表ですね。錬金術のおかげで科学も発展したし、めでたしめでたしです。

御前の七天使

Angels in the presence

無数にいる天使の中で、神様と直接会える天使ってたったの7人しかいないのね。その7人のうち4人は四大天使だってわかっているんだけど、それ以外の3人が誰かはわかっていないの。ここではその候補としてとくに有力な6人を紹介するね。

まっしぐら!　出世街道天界行き

メタトロン

ユダヤ的にはナンバーワン

キリスト教において、もっとも偉大な天使はミカエルだとされている。だが、ユダヤ教徒は違った見解を持っているようだ。彼らがもっとも偉大な天使として崇敬しているのは、この大天使「メタトロン」である。

メタトロンは「契約の天使」「小ヤハウェ」などと呼ばれる。「小ヤハウェ」とは、唯一神ヤハウェに準じる存在という意味であり、彼が第二の神になれるくらい偉大な存在だということをあらわしている。そのほかにもメタトロンには100を越える数の異名があり、これは天使のなかでずばぬけて多い数だ。

メタトロンは36枚の翼と無数の燃える目を持ち、顔は太陽よりもまぶしく輝いている。体からは炎が立ちのぼり、ここから無数の天使の軍勢が産まれるという。また、メタトロンは天使のなかでも際だって大きな身体を持つことで知られている。一説によれば、メタトロンの体は世界と同じだけの大きさがあるという。

地上の出来事なんでもチェック

メタトロンは偉大な天使の例にもれず、様々な役割を与えられている。そのなかで一番有名なのは「天界の書記」という役割だ。メタトロンは天界と地上で起きるすべての出来事を記録しつづけているのだ。このため彼は地上や天界の秘密をすべて知っており、秘密の守護者という役割を持っている。

また、メタトロンには祈りの仲介者という役目もある。ユダヤ教徒が神に祈ると、その祈りはメタトロンの手で神のもとに届けられるのだ。もちろんメタトロンは人間の言葉を伝えるために神と直接会うことを許されており、「御前の七天使」の有力なひとりだと考えられている。

メタトロンが神の言葉を人間に伝える実例が、旧約聖書にある。「十戒」で有名なモーセの物語で、旧約聖書に収録された『出エジプト記』には、神の御使いが炎の柱になってモーセに預言を与えるシーンが描かれている。この炎の柱は、ユダヤ教徒の間では「メタトロンが変身した姿だ」と考えられているのだ。彼はモーセに対して他民族の虐殺や掠奪など、天使とは思えないほど残忍な指示を出している。そのためメタトロンは、悪魔サタンと同一存在だと主張する意見まである。

メタトロンさまは元人間なので、天使では一番若いんですよ。まだ8500才なのです。え、じゅうぶん年寄りじゃないかって？　いえいえ、わたしたち純正の天使は、もう15億年くらいは生きてますから(エッヘン)。

人間エリート→天使エリート

ユダヤ教の伝承では、メタトロンはユダヤ人の預言者「エノク」が天使に変身した姿だと信じられている。その根拠は、旧約聖書に収録された天地創造物語『創世記』にある。その5章24節にはエノクの最期を「神が取られたのでいなくなった」記述している。つまり、エノクが死んだとは書かれていないのである。人々はエノクは死んでおらず、神によって天使に変えられたと考えたのだ。

エノクが天使になった経緯は、旧約聖書の偽典であり、エノク自身が書いたという預言書『エノク書』に書かれている。預言者エノクは「ノアの箱船」で有名なノアの祖父で、書記として活躍していた。エノクは非常に立派な人物だったので、神はエノクが死ぬことを惜しみ、肉体を作り替えて天使にしたという。メタトロンが書記の天使なのは、もともとエノクが優秀な書記だったからなのだ。

ちなみにメタトロンには双子の天使「サンダルフォン」が存在する。サンダルフォンもまた、人間の預言者が天使になった存在だと言われている。

ホントに双子!?　メタトロンとサンダルフォン

メタトロンとサンダルフォンは双子の天使である。また、メタトロンは人間エノクが、サンダルフォンは人間エリヤが天使に変わった存在だという。もしこの両方が正しいと仮定すると、時系列に大きな矛盾が産まれる。

エノクは、エリヤより少なくとも数千年前に産まれた人物だとされている。だがエノクは天使となる前に、天国で天使サンダルフォンと出会っているのである。

サンダルフォンがエリヤの変身した姿ならば、この時点でエリヤは産まれていないのだから、エノクがサンダルフォンに会えるはずがない。つまり、双子説か、サンダルフォン=エリヤ説のどちらかが間違いということになるのだが……

というわけで、おかしいのです！
メタトロン様とサンダルフォン様が双子だったら、まだメタトロンになってないエノクさんが、天国でサンダルフォン様に会えるはずがないのです！

うーん。たとえばふたりはもともと別々に存在していて、後でエリヤさんの体にサンダルフォン様が憑依して同一人物になった、とでも言わないと説明つかないよ。ガブリエル様、そのへんどうなんデス？

あらグレムさん、よくそこに気がつきましたね。
だってサンダルフォン君って、**M78**な天使さんですから。

光の国っ!?

illustrated by 深崎暮人

大きすぎて計測不能？

サンダルフォン

天使のなかじゃ一番ノッポ

サンダルフォンはユダヤ教の天使だ。同じくユダヤ教の天使で、もっとも偉大な天使とされている「メタトロン」(→P028) は、サンダルフォンの双子の兄弟である。その名前は「共通する兄弟」を意味し、サンダルフォンもまた、兄弟と同じく天界を支配する偉大な天使のひとりとされている。一説によれば、サンダルフォンはメタトロンの別の姿であるという。

サンダルフォンは非常に巨大な天使として有名だ。その背の高さは、数いる天使のなかで1番だといわれる。その身長は「歩いて500年かかるほどの身長」とも「地上に立つと頭が天界に届く」ともいわれる。ユダヤ教の最大の預言者であるモーセは、サンダルフォンと会ったとき、そのあまりの大きさに恐怖を感じたという。そしてサンダルフォンのことを「丈高き天使」と呼んだ。

ユダヤ教の文書のなかで、聖書に収められなかった書物『エノク書』では、サンダルフォンは7つあるとされている天国のうち、第6の天界を統治している天使だ。

聖書には、サンダルフォンの性別はとくに書かれていない。しかし、19世紀のオカルティスト「メイザース」がまとめた魔導書『ソロモンの大きな鍵』よると、彼は「契約の箱の左側に立つ女性の天使」であるという。

仕事のかけもちだっておてのもの

サンダルフォンは、さまざまな職能をもつ天使である。ひとつめの役割は、信者の祈りを直接神に届けるという「祈りの天使」である。サンダルフォンは信者の祈りを集めて花輪を作る。その花輪を神の頭にかぶせることで、祈りを届けるのだ。

悪魔と戦うのも、サンダルフォンの大事な役割だ。彼は、大天使ミカエル (→P012) とともに、悪魔たちの親玉である「サタン」と戦う。天使と悪魔の戦いは世界が終わるまで続くとされたため、サンダルフォンはその日が来るまで、悪魔サタンと終わりなき戦いを続けるのだ。

ユダヤの伝承のひとつでは、サンダルフォンは、天に昇る敬虔な信者の魂を案内するため、天国の交差点に立っている、としている。

このほかにもサンダルフォンには、天界の合唱隊の指揮者や、鳥の監視役、天界

illustrated by 美弥月いつか

に昇る魂の案内役といった役割をもっている。
「カバラ」と呼ばれるユダヤ教の神学のひとつでは、サンダルフォンは妊娠に深く関わる天使だとされている。サンダルフォンは胎児の性別を決め、守護する。子供に恵まれない夫婦や妊娠した女性は、サンダルフォンに祈りを捧げるのだという。

人のころから神のために

サンダルフォンは、兄弟であるメタトロンと同じく、もともとは人間だった。そのころの名前は「エリヤ」という。エリヤとは「我が神はヤハウェ」という意味だ。この名前が示すとおり、エリヤは敬虔なユダヤ教信者であり、預言者であった。

ユダヤ人教の歴史書であり、旧約聖書に収められた文書『列王記』によると、エリヤは死後、火の戦車で天界に運ばれ、サンダルフォンとなったのだ。

エリヤが活動していた頃のイスラエル国王は、異教の神である「バアル」を信仰していた。ユダヤ教の国であるイスラエルで、ヤハウェ以外の神を崇拝することは非常に罪深きことだった。

そこでエリヤは、国王やバアル信仰の預言者、信者のいる目の前で、ヤハウェの起こす奇跡を見せ付けた。エリヤが起こした奇跡を、バアル信仰の預言者も起こそうとするが、何も起きない。それを見た国王は、エリヤに許しを乞った。

バアルの信者たちに勝ったエリヤだったが、それが元で命を狙われてしまう。これには、さすがのエリヤも国から逃げるしかなかった。

刺客に追われ、各地を点々とするエリヤだが、それでもユダヤ教の布教は忘れなかった。逃げる先々で、ヤハウェの偉大さを説いたのだ。その忠誠心と勇気を見たヤハウェは、エリヤを死後天界へと呼び、天使サンダルフォンとしたのである。

別の説では、エリヤは地上にいるころから天使であった。彼は「もっとも偉大で強力な炎の天使のひとり」であったという。

儀式のときは引っ張りだこ

一部の伝説では、そもそもエリヤが天使だ。天使エリヤは大天使メタトロンと同じく「契約の天使」である。エリヤは、神と信者の契約を見届ける証人なのだ。

契約の天使エリヤの影響力は今でも残っている。

ユダヤ教の3大祭りのひとつに「過越祭《ベタハ》」と呼ばれるものがある。ユダヤ人の歴史書で、旧約聖書に収められた文書『出エジプト記』の話に由来するこの祭りのとき、信者たちは、席をひとつ空け「エリヤのコップ」と呼ばれるコップにワインをそそいで置いておく習慣がある。これは、神と人間を結ぶ天使であるエリヤを客人として招くためである。

また、ユダヤ教の信者にとって、神との最初の契約である「割礼儀式」のときも、証人としてエリヤが招かれる。割礼とは、預言者モーセが神と契約するために男性器の包皮を切り取った、という話から由来する神聖な行為のことだ。

サンダルフォンの名前の由来には「サンダルの愛好家だからだ」っていう説もあるんだ……でも、いくらなんでもこれはないよな。『ゾハル』って本じゃ、革靴をはいてたっていうし。

「白衣の天使」フローレンス・ナイチンゲール

「白衣の天使」と言えば、女性看護士……いわゆる看護婦の別名のことを指す。おそらく彼女たちは、われわれ日本人にとってもっとも身近な「天使」だろう。この言葉の元となり、看護士という職業の象徴的な存在としても語られるのが、19世紀イギリスの看護士「フローレンス・ナイチンゲール」だ。

ナイチンゲールは1820年、イギリスの裕福な家庭に産まれた。彼女は看護婦として高い地位にのぼりつめるが、1853年、イギリスがウクライナのクリミア半島で行われた「クリミア戦争」に出兵すると、数十名の部下とともに従軍看護婦に志願した。彼女はそこで献身的に負傷者の介護につとめ、一度は自分も病に倒れながら、復帰して働き続けた。その働きは兵士たちの熱狂的な支持を受け、さらにイギリス本土でも大変な評判となったのだ。そして彼女はイギリス中で「白衣の天使」「クリミアの天使」として知られるようになった。

ナイチンゲールの活躍は最前線だけにとどまらなかった。彼女は、戦後もその知名度を使って陸軍に働きかけ、部隊の衛生状況改善につとめた。また、能力の高い看護士を増やすため、「ナイチンゲール看護学校」を設立して専門教育をほどこした。また彼女は、看護理論にはじめて統計学的な考え方を持ち込み、効率化を進めた。このためナイチンゲールは、「イギリスにおける統計学の先駆者」という評価も与えられている。

❋白衣の天使は虚名を嫌う

クリミア戦争での活躍から、ナイチンゲールはイギリスで絶大な人気を誇るようになった。彼女は自らの名声を利用して資金集めをしたし、そうして集められたナイチンゲール基金は彼女が様々な活動をするのに大きな力となったが、その一方で彼女自身は自らの人気を迷惑に感じてもいたようだ。

ナイチンゲールはクリミア戦争が終わった後、過熱する人気を避けるようにひっそりと帰国し、他人との接触を極力避けていた。1910年に病没した際にも、遺言で国葬や祈念碑の設置を拒否した。ナイチンゲールの墓石には、彼女の実直な人柄をあらわすように、彼女のイニシャルと生没年だけが刻まれている。

神様からのビデオレター
レミエル

霊魂を見守る天使

レミエルは「神の慈悲」という意味の名前を持つ天使で、「御前の七天使」の候補でもある偉大な天使だ。レミエルの特徴は、ラミエル、エレミエルのように多くの別名を持ち、しかも名前が違うと能力や役割まで変わることだ。一部には、そもそもラミエルこそが四大天使「ウリエル」の別名だという意見すらある。

レミエルに与えられた最大の役割は、死者の霊魂を監督することだ。キリスト教の教えによれば、死んだ人間の魂は眠りにつき、世界の終わりと同時に行われる死者の裁判「最後の審判」を待つことになっている。レミエルは「最後の審判」が始まるまでのあいだ、「神の慈悲」という名前にふさわしい優しさで死者の魂を見守り、審判がはじまると、魂たちを裁判の場へと導くのである。

しかし、「優しいお守り役」だけがレミエルの役目ではない。じつはレミエルは雷をつかさどる天使で、この力を使って神の敵と戦うこともあるのだ。ユダヤ教の伝承では、レミエルがイスラエルの敵国「アッシリア」の軍勢を滅ぼし、さらにはアッシリアを支配しようとした堕天使「ニスロク」を倒す活躍が語られている。

レミエルの外見について統一した見解はない。旧約聖書の外典で、ゼファニヤという預言者が天界に行く物語『ゼファニヤの黙示録』では、レミエルは「エレミエル」という別名で呼ばれている。ここではその姿は、太陽のように輝く顔と溶けた青銅のような足を持ち、金色の腰帯をつけた天使と書かれている。

人を導く幻視《ヴィジョン》

レミエルの別名のひとつ「ラミエル」は、レミエルが本来持っている役割のほかに「幻視」をつかさどる天使だと考えられている。

幻視とは、視覚的な幻覚という意味の言葉だ。しかしキリスト教でいう幻視には、ただの幻覚ではなく「神のメッセージ」という意味がある。つまりラミエルは、人間に幻視を見せることで神の意志を伝えるという役割を持っているのだ。

『旧約聖書』や『新約聖書』でも、幻視はさまざまな人物に授けられている。聖母マリアの婚約者だった大工ヨセフに下った「マリアが妊娠したのは神の子だから、マリアと結婚するように」というお告げも、幻視によるものだと考えられている。

『エノク書』には、レミエルさまを「神の前に立つ七人の大天使の１人」とする一方で、堕天使と書いてあるページもあるのです。一説ではレミエルさまは「神と悪魔の二重スパイのような存在」なんだとか。ぜろぜろなな？

illustrated by なつき しゅり

同僚の監視がお仕事です

ラグエル

堕落を取り締まる天使

天使は人間より高い能力を持っているが、そのかわり、欲望に負けやすい心の持ち主だといわれている。欲望に負けて悪の道に走った天使は「堕天使」、つまり悪魔になってしまう。そもそも悪魔の王であるルシファー自身が、もともとは天界で最強の天使だったのだから、天使の堕落がいかに深刻な問題かがわかる。

しかし天界も、天使たちの堕落を手をこまねいてながめているだけではない。これ以上天使たちが堕落しないように、天使自身のおこないを見張る天使がきちんと定められている。それがこの大天使「ラグエル」なのだ。

ラグエルは「神の友」という意味の名前を持つ天使で、ほかの天使の善行や堕落を監視している。また同時に、ラグエルは七層に分かれているという天国の二番目の層を守護する役割も与えられている。そこは大天使ラファエルが統治する層で、罪を犯した堕天使たちが裁きを待つ場所だという。

ラグエルが天使の監視者となった理由は、旧約聖書の外典で、預言者エノクが天国に行く物語『エノク書』のエチオピア語版にある。この資料でラグエルは「光の世界に復讐をもたらすもの」と書かれている。この記述が「天使を監視する者」という意味に解釈され、現在のイメージができあがったのだ。

ミイラ取りがミイラになった!?

皮肉なことに、他の天使が堕落しないように厳しく監視しているはずのラグエル自身が、堕天使になってしまったことがある……とはいってもこれは、ラグエル自身のおこないが原因ではなく、あくまで人間界の事情によるものだった。

西暦745年、ローマ教会のザカリアス教皇は、それまで世間で信じられていた7人の天使を堕天使だと定めた。そのなかにラグエルも含まれていたのだ。このときラグエルは「聖人になりすます悪魔」と非難されている。

ザカリアス教皇がこのような処置を行ったのは、当時庶民の間で天使崇拝が加熱していたためだとされている。本来、キリスト教において信仰すべき対象は唯一絶対の神だけであり、度が過ぎた天使崇拝はキリスト教の教義をゆがめてしまうおそれがあった。そのため、このように強硬な規制がおこなわれたのだ。

キリスト教には、特定の聖人と日付を関連付けた「聖人暦」というカレンダーがあります。教会に悪魔と決めつけられたラグエルさまたちは、このカレンダーからも消されちゃったのです……ひどいのです。

illustrated by KEN+

知識量なら天使で一番！

ラジエル

情報漏れを鉄壁ガード！

天使ラジエルの名前は「神の秘密」「神秘の天使」を意味している。その名のとおりラジエルは、宇宙すべての秘密を知る天使だ。その階級は9つある天使の階級の8番目「大天使」で、階級3番目の「座天使《スローンズ》」を指揮する役割がある。

ラジエルは、神と面会することを許された「御前の七天使」のひとりであり、ふだんは神の玉座を囲むカーテンの中にいる。そこでラジエルは宇宙のあらゆる情報を手に入れて、それを記憶、記録していく。その知識は誰にとっても大変有用なものだが、神の許可がないかぎり誰にも教えてはいけない。なぜなら、それら膨大な知識を守るのが、ラジエルの本来の役目だからだ。

知識の影に「ラジエルの書《セファー・ラジエル》」あり

ラジエルは、その膨大な知識を1冊の本「ラジエルの書」にまとめたという。聖書によれば、これは歴史上で初めての書物だという。

ラジエルの書には、神の名前を表す72の文字や、1500の知恵、ほかの天使が知らない宇宙の秘密などが書かれている。しかしこの本はラジエルにしか読めない文字で書かれており、許可を得た者だけが本の記述を理解することができた。

ラジエルの書は、聖書に登場するさまざまな人間の手に渡っている。まず最初にラジエルの書は、ラジエルから世界で最初の人間である「アダム」の手に渡った。この本によってアダムは、自分の姿が神と似ていることに気づく。ユダヤ教の預言者「エノク」は、この本に影響を受けて旧約聖書の外典『エノク書』を書いたという。箱船伝説で有名な「ノア」は、ラジエルの書で得た知識で有名な「ノアの箱船」をつくり、洪水を逃れた。そして古代イスラエルの王「ソロモン」は、この本を使って悪魔召喚の知識を獲得し、72柱の悪魔を自在に使役したという。

このように神話の世界で大活躍したラジエルの書だが、現実世界にもその一部が残っているという主張がある。これは13世紀にエリアザルという人物が書いたものを基本にしており、その後複数の人物によって加筆され、18世紀にヘブライ語版、2000年に英語版が実際に出版されている。しかし、この本がほんとうに聖書に登場するラジエルの書と同じものなのかは不明だ。

「ラジエルの書」は、エノクさんより前にアブラハムさんという人が読んだという説があるんですよ。でも、アブラハムさんってエノクさんの子孫じゃなかったかしら？　ご先祖よりも早く読んだなんて、不思議な話ですね。

illustrated by けいじえい

呪いの瞳で世界をウォッチ

サリエル

死神天使が堕天使に

p038で紹介したラグエルのほかにも、天使の堕落を監視する役割を持つ天使は複数いる。大天使サリエルもそのひとりだ。ただし、その監視の対象はラグエルよりも広くなっている。サリエルは天使だけでなく、人間の霊魂が罪を犯さないように監視する役目も与えられているのだ。ときには大鎌をもって死者の魂を刈るとさえ言われており、「死をつかさどる天使」としても有名だ。

一方で、サリエルは「癒す者」という異名をもつくらい医術に長けた天使でもある。その医療の腕が認められ、同じように癒しをつかさどる四大天使「ラファエル」（←p020）の右腕として働いているともいわれる。

また、旧約聖書の外典で、多くの天使が登場する『エノク書』では、サリエルは月の運行をつかさどる天使だ。ところがこの本には、サリエルは「月の軌道」に関する禁断の知識を人間に教えたために、みずから堕天したという記述がある。天使を監視する立場にありながら自分の責任で堕天したため、サリエルはのちの神学者に「天界と地獄の二重スパイのような存在だ」とまで言われてしまっている。

サリエルの階級は、天使の九階級のうち第一位の「熾天使」だという説と、第八位の「大天使」だという説がある。その別名は「スリエル」「サラカエル」などで、神と直接面会をすることを許された「御前の七天使」の候補のひとりだ。

視線でイチコロ？　邪視の天使

サリエルの眼は、「邪視《イビル・アイ》」の能力を持っているという説がある。

「邪視」は世界中で信じられている超常能力で、にらみつけた相手にさまざまな呪いをかける視線のことだ。もちろんサリエルたちの本拠地であるキリスト教社会でも邪視の存在は信じられていた。人々は、邪視の能力を持つサリエルの名前が書かれた御守りをもっていれば、ほかの「邪視」を避けられると信じていたようだ。

邪視に対する御守りはほかの宗教の世界にもある。ユダヤ教では、手の中に目をかいたデザインの魔除け「ミリアムの手」が有名だ。またイスラム教世界では、同様のデザインを「ファーティマの目」または「ファーティマの手」と呼ぶ。これは邪視を無効化するともに、災いや病魔を防ぐ効果があるといわれていた。

邪視ってよその神話にもよく登場するんだ。見た人間を石にすることで有名なギリシャ神話の「メデューサ」とか、見た人間を殺すケルト神話の「魔眼バロール」とか。う〜ん、なんかかっこいいな。ボクもちょっと欲しいかも。

illustrated by ふみひろ

「邪眼」の真実

相手に呪いや災いを与える「邪視」「邪眼」の能力は、創作作品などでよく登場する普遍的なモチーフだ。じつは邪視は、世界中で信じられてきた普遍的なオカルトであり、キリスト教やイスラム教の社会とも無関係ではない。

・邪視ってなんだ？

悪意をもった目で相手をにらむことで、相手に悪い効果をもたらす。これが「邪視」の基本的な効果だ。邪視の効果には、相手の運気を落とす、呪い、病気などのほか、相手を石にしたり、見ただけで殺してしまうものもある。

能動的に発動するばかりが邪視ではない。なかには、邪視の持ち主が悪意を持っていなくても、相手を見ただけで効果が発動してしまう邪視もあるという。

邪視には、英語で「イビルアイ」、イタリア語で「マロッキオ」など各国独自の呼び名がある。日本での「邪視」という名前は、粘菌という珍しい生物の研究でも有名な日本の民俗学者「南方熊楠」が、仏教の経典から翻訳した用語だ。

・世界中の「邪視」の実例

トルコ航空の飛行機には、邪視よけの護符「ナザール」が描かれる

中世のヨーロッパでも邪視は信じられていた。彼らの言う邪視には2種類がある。片方は、魔女たちが使う悪い邪視。もう片方は、徳の高い聖職者が行使する、悪くない邪視だ。魔女に対する恐怖心や、聖職者に対するおそれと尊敬が入り交じった感情が、「邪視」を生み出す原動力になった。

中東やヨーロッパ南部では、相手の立場や役職に関係なく「青い瞳の人間は邪視を持つ」とされた。これは、自分たちの知らないものに対する恐怖心が産みだした「邪視」だ。中東や南欧の人々は茶色い瞳をしていることが多いから、白人がみな青い目をしていることを知らない。そのため、青い瞳には特別な力があるのではないかと思いこんだわけだ。これと似た理由で、アメリカ大陸では「赤い瞳」が邪視だと信じられた。瞳が赤くなるのは、虹彩異常という目の病気で起こる症状である。

・恐怖心が産みだした邪視

邪視は、人々の無理解と恐怖心が産みだしたものだと言える。

たとえば、魔女裁判によって無実の罪を着せられた「魔女」が、裁判の主導者に向ける恨みの目線は、この世のものとは思えないほど恐ろしいものになるだろう。そんな目で見られた者に不幸なことが起きれば、恐怖心から「邪視」に原因を求めるのは必然といってもおかしくないはず。

徳の高い聖職者が邪視を持つと言われたのも、「姿を見るのもおそれおおい」という、恐怖と尊敬が入り交じった感情があったからだ。結局のところ、得体の知れない未知の敵を生み出すのは、人間自身の心にほかならないのだ。

キリスト教・ユダヤ教の天使

Angel of Christianity & Judaism

ここでは、キリスト教やユダヤ教で天使だっていわれている、17人の天使さんを紹介しますの！　みなさん聖書の正典にこそ出ていないですけど、聖書の偽典や外典、ユダヤ教の古い宗教文書とかに登場する由緒正しい天使さんばかりですのー！

あなたに届け、LOVEエナジー！

ハニエル

多くの別名をもつ愛の天使

ハニエルは、非常に別名の多い天使である。本来、学者のあいだではハニエルの別名である「アナエル」のほうが有名なのだが、近年ではハニエルの名前で創作物に登場することが増えたため、ここではハニエルを中心に紹介していく。

ハニエルは、愛の象徴と考えられた金星を支配しており、自身も愛をつかさどる天使だ。またハニエルは、数多い天使のなかでも7人しかいない、神と同席することを許された「御前の七天使」のひとりでもある。その名前は「神の栄光」「神を見るもの」を意味する。

民間の魔術でも、ハニエルは愛の天使とされている。ハニエルを呼び出せれば、呼び出した人間が望むどのような相手からでも、特別な愛情を注いでもらえるのだと信じられた。別の説では、その名前は魔よけになると考えられた。

一説によると、ハニエルはバビロニア神話に登場する愛の女神「イシュタル」がユダヤ教に取り入れられた姿だという。イシュタルは、世界各地の神話に影響を与えた大女神で、キリスト教では悪魔「アスタロト」とされている。この説が本当ならば、イシュタルは天使と悪魔、両方の姿をもっていることになる。

呼び方が違うだけじゃないんです

上記のように、ハニエルには多くの別名がある。なかでも有名なアナエルは「金星の支配者」「性愛をつかさどる」と、ハニエルと似た部分を多く持つ天使だ。しかし、なかにはハニエルとかなり違う性格でありながら、ハニエルと同一存在とされている天使もいる。「オノエル」「シミエル」がその典型だろう。

オノエルは、キリスト教グノーシス主義の偉大な天使だとされているが、説によっては、ロバの姿をした悪魔ともいわれている。

一方のシミエルは、ハニエルと同じく御前の七天使のひとりに数えられることもある天使だ。ただしシミエルは、745年にローマ教会から、大天使ウリエルやラグエルとともに悪魔とされてしまった天使でもある。

両者とも「天使のなかでは偉い」ということ以外は、ハニエルとはあまり接点のない天使であり、なぜハニエルと同一存在とされるのかは定かではない。

民間信仰では、預言者エノクさんを天界へ運んだのはアナフィエルさまじゃなくて、ハニエルさまだと言ってるんですよ。え～と、それで結局どっちが運んだのですか？

illustrated by 大場陽炎

刃物は持っても平和主義者

ザドキエル

殺しの道具が慈悲の象徴に

ザドキエルは「神の正当性」や「神の公正」といった意味の名前を持つ天使で、「天国の九人の支配者の一人」とも「神の前に立つ七人の大天使の一人」とも言われる。神の恵みや慈悲、記憶といったものごとをつかさどる一方で、数多くの天使を従える「天使の指揮官」でもあるという。

この天使を象徴するアイテムはナイフ……それも、神に犠牲の生贄を捧げるためのナイフだ。ザドキエルの象徴物にナイフが選ばれた経緯は、旧約聖書に収録された天地創造物語『創世記』に書かれている。

まだユダヤ人、アラブ人という民族すらいなかった古い時代。アブラハムという羊飼いは、唯一神ヤハウェから「自分のひとり息子を生け贄として神に捧げよ」と命令を受けた。アブラハムがためらうことなく息子にナイフを振り下ろしたのを見て神は満足し、天使を送りつけてナイフを止めさせた。このとき送られた天使こそが、ザドキエルだというのだ。ただしこの天使が本当にザドキエルだったかについては異論もあり、この天使は四大天使の筆頭、ミカエルだという意見もある。

別の書物では、ザドキエルは木星の支配者である。また、木曜日を守護する氷の天使「サキエル」は、ザドキエルの別名だという説がある。

率いるのは炎の天使たち

ザドキエルは天使の集団を指揮する大天使だが、資料によってどんな天使を配下としているかが違う。一般的なのは主天使《ドミニオン》だが、他に「ハスマリム」や「シナニム」という天使集団の名前が上がることがある。

ハスマリムはユダヤ教の伝説に語られる天使で、「輝く者たち」などの意味がある。その役目は神の玉座を支えることであり、体は燃えて光を放ち、流れる汗は火の河を作るという。彼らは天使の階級第1位の熾天使《セラフィム》や第2位の智天使《ケルビム》に匹敵する高位天使とされることもあれば、上から6番目や7番目程度だともいわれる。

一方のシナニムは、第4位の座天使《スローンズ》と同格とされる、火でできた天使たちで、こちらもユダヤ教の資料などに登場する。「万の数千倍のシナニムが神の戦車に乗っている」いう表現から、彼らは天界の兵士だと推測できる。

ザドキエルさんは名前を変えて、アブラハムさんの家庭教師をしていたことがあるんですよ。ザドキエルさんがアブラハムさんの息子を助けたのは、そういったご縁からかもしれませんね。

illustrated by さとーさとる

飲んだら大変！　キケンな苦い水

にがよもぎ

終末の空に輝く天使

キリスト教の天使には、国名や地名などの天使と関係ない固有名詞が、天使の名前だと解釈されるようになったものが少なくない。この「にがよもぎ」は、植物の名前が星の名前に変わり、さらに天使の名前に変わったという珍しい例だ。

にがよもぎは、新約聖書に収録されている、世界の終わりと新世界の誕生を描いた物語『ヨハネの黙示録』に登場する天使だ。この書では、世界に終わりをもたらすために7人の天使があらわれる。天使ひとりがラッパを吹くたびに、地上は破壊され、多くの人が死ぬことになるのだ。

7人の天使のうち、3人目がラッパを吹くときに登場するのがにがよもぎだ。「たいまつのように燃える大きな星」として空にあらわれたにがよもぎは、天から落ちて世界中の川や水源に降りそそぐ。これによって世界中の水の1／3が苦い水となり、その水を飲んだ多くの人が死に至るという。

世界を破壊し多くの人間を殺すことから、にがよもぎは堕天使とみなされることも多い。パウロというキリスト教の聖人は、にがよもぎのことを悪魔の支配者「サタン」と同じ存在だと言っているほどである。

やっぱりアブナイにがよもぎ

にがよもぎという名前は、ヨーロッパ原産の植物「wormwood《ニガヨモギ》」からとられたものだ。このニガヨモギという植物には独特の薬効成分があり、古くから胃薬や虫下し、衣類の虫除けとして利用されていた。

ところがこのニガヨモギは、非常に危険な植物としても知られている。じつはニガヨモギには「ツヨン」という香り成分が含まれていて、この物質を大量に摂取すると、吐き気、錯乱、幻覚、習慣性など麻薬同然の症状を引きおこすのだ。

18世紀ごろ、ニガヨモギなどの香草を酒に漬け込んで作る「アブサン」という酒が発明された。深い緑色をしたアブサンは、画家ゴッホや文豪ヘミングウェイなど、19世紀フランスの芸術家たちに愛飲され、大量の中毒患者をつくりだした。ゴッホなどは自分の耳を切り落とす奇行が伝えられているが、これは生来の精神病が、アブサンの麻薬的効能で悪化したためだという説が有力である。

にがよもぎってロシア語で「チェルノブイリ」っていうんだってさ……げ、原発事故のあった町とおんなじ名前じゃん！　じゃあじゃあ、にがよもぎが落ちたところもあんなふうになっちゃうのかな……（ブルブル）

illustrated by cruccu

おっきな体にバーニング・ハート!!

ケルビエル

燃えさかる身体をもつ天使

ケルビエルは、旧約聖書の外典で、多数の天使が登場する文書『エノク書』に登場する天使だ。ケルビエルは9つあるという天使の階級で、2番目に位の高い「智天使《ケルビム》」を統括する天使であり、「智天使《ケルビム》」の名前のもとになった存在でもある。

『エノク書』に描かれたケルビエルは、かなり変わった外見をしている。その特徴をざっと挙げてみると「身長は天国と同じくらいに巨大」「体の中には燃えている石炭が詰まっている」「口を開くと口から炎が噴射する」「顔は光り輝き、体からは炎や稲妻が噴きだしている」「ケルビエルが動くと稲妻が走り地震が起こる」「ケルビエルが怒ると地球が揺れる」といった具合である。ケルビエルは我々が思い描くような、一般的な天使の姿とはかけ離れた姿をしているようだ。

ケルビエルは「ケルビエル・ヤハウェ」と呼ばれることもある。この「ヤハウェ」という名前は、神の周りにいることのできる最高位天使だけに与えられる名前だ。ケルビエルは稲妻でできた冠をかぶっているのだが、「ヤハウェ」の名前はこの冠にも刻まれている。

多くの羽と目をもつ智天使《ケルビム》

キリスト教の天使は9つの階級にわかれている。ケルビムは漢字で智天使と書かれ、9階級の上から2番目に位置する天使たちだ。このケルビムの語源となったのが、天使ケルビエルだといわれている。

ケルビムの主な役目はふたつある。ひとつは炎の剣を持ち、天界にある楽園「エデンの園」の門番をすること。もうひとつは、神の玉座を運ぶ役割だ。

ケルビムの特徴は天使のなかでも異彩を放つ、独特の姿だ。彼らの一般的な姿は「体を多くの羽に覆われていて、いたるところに目がある」という異形的なものだ。ほかにも「光輝き、4つの顔と4枚の羽をもっていた」「4つ顔に6枚の羽を持ち、いたるところに目がある」と書かれた書物もある。

一方、我々になじみ深い姿のケルビムも存在する。羽の生えた子供の天使、いわゆる「キューピッド」は、じつはケルビムの階級にいるのである。彼らは一般的なケルビムと区別するため「プット」という名前で呼ばれる。

ケルビムのもとになったのは、古代中東で信仰されていた「カリブ」という神さまだという説もあるです。なんでもカリブさまは、建物の守護神として信仰されていたとか。あ、確かにちょっとケルビムさまと役割が似てるですねぇ。

illustrated by すーぱーぞんび

お仕置きし過ぎで逆にお仕置き

カマエル

天使の軍団長、ここにあり

カマエルは天国の玉座を護衛する天使であり、神の前に立つことを許された大天使の候補にも名前を挙げられる、大きな力を持った天使のひとりだ。キリスト教の文化圏では天使たちを星や曜日になぞらえることがよくあるのだが、カマエルは「火星の支配者にして火曜日の守護天使」としてその名前が知られている。

カマエルとは「神を見る者」と言う意味の名前だが、多くの天使がそうであるように、カマエルもまたいくつもの別名を持っている。「神を探す者」という意味のカムエル、「神が立ち上がる」という意味のケムエルなどがそうだ。しかし、どの名前で登場するときであっても、天使の軍勢を率いる指揮官としての属性を持っているのが普通である。

カマエルが率いるのは、悪魔との戦いを担当する「能天使」や、神の威光を知らしめる「主天使」だ。なかでも有名なのは、カマエルの部下に万単位でいるといわれる「破壊の天使」たちだ。彼らの役目は罪をおかした人間に罰をくだすことであり、病気や事故などさまざまな形で人間に死を与えるという。

頑張りすぎたり、堕天したり

人間に死を与えるという攻撃的な性質のせいか、カマエルはしばしば損な役回りを与えられる。場合によっては堕天使として紹介されることすらあるのだ。

ユダヤ人の伝説によると、「十戒」で有名なユダヤ人の預言者「モーセ」は聖書を受け取るために天界にのぼった。このときカマエルは、モーセが神の許しを得ていることを知らなかったため、天国の番人としてモーセと戦ったという。敗れたカマエルは、モーセの攻撃で消滅してしまった。職務への熱心さゆえの勇み足に、手痛い罰を食らってしまったわけである。

もっとも、その後もキリスト教の逸話などにカマエルの名前が見られることから、本当に消されてしまったわけではないようだ。

堕天使カマエルは、王権の代理執行者を意味する中世の爵位「パラティン伯」の爵位にあり、天使時代と同じように堕天使軍団の指揮官をつとめている。堕天使としてのカマエルは、岩の上にうずくまった豹の姿で描かれる。

カマエルさんは破壊の天使の長といわれているけど、ほかの天使も神様の命令があれば、破壊の天使になります。かく言う私も、「ソドム」と「ゴモラ」という街を破壊したことがあって……あまり思い出したくない過去ですね。

illustrated by cruccu

元気な赤ちゃん、届けます

ライラ

胎児、新生児の守護天使

ライラは妊娠、出産をつかさどるユダヤ教の天使だ。これから生まれる人間の魂を母体へ運び、出産を見守るのがライラの役割である。またユダヤ人のあいだでは、妊婦や赤ん坊は悪魔「リリス」に攻撃されると信じられていた。リリスの魔の手から胎児や赤ん坊を守るのも、ライラの大事な仕事だ。

ライラの仕事は、女性が子供を身ごもったところから始まる。最初にまず、子供の父親の精液が神のもとに持ちこまれる。神はライラが差し出した精液を見ると、その子供にふさわしい魂を選び出し、ライラに渡す。神が選んだ魂の特性によって、生まれてくる赤ん坊の性別や容姿、性格や将来などが決定されるのだ。ただし、この魂の選別は、神ではなくライラ自身が行っているという説もある。

こうして生まれることが決まった魂は、ライラの手で子宮に運ばれる。このとき魂はたいてい、肉体を持つことを嫌がって逃げ出そうとする。だが、ライラがしっかりと魂を監視しているので、結局は子宮へといれられるのである。

さらに一部の伝承では、ライラには胎児を教育する役割まで与えられている。魂が母親の子宮に入ると、ライラは魂に、彼がこれからどのような人生を歩むかを教えるのだ。しかし出産直前になると、ライラは胎児の鼻をはじいて、すべてを忘れさせる。赤ん坊が表面的にはなんの知識をもたずに生まれるのはそのためだ。

ちなみにライラの名前は、ヘブライ語で「夜」を意味する単語「ライル」が由来だ。そのためか、ライラは夜を支配する天使と考えられている。彼はライラエル、レリエルという別名で呼ばれることもある。

説によって性格はバラバラ？

ユダヤ教徒のあいだでは出産の天使として知られるライラだが、その他の伝承ではまったく違う役割を与えられている。

旧約聖書に収録された世界創造の物語『創世記』では、ライラはユダヤ人の先祖であるアブラハムが、誘拐された甥を助けるための戦争に手を貸している。

そしてユダヤの民間伝承では、ライラは天使ですらない。ここではライラは、夜に眠っている人間を攻撃したり、女性を欲情させる悪魔だと考えられているのだ。

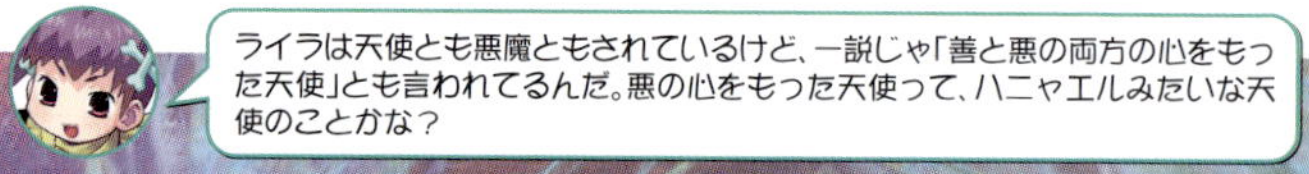
ライラは天使とも悪魔ともされているけど、一説じゃ「善と悪の両方の心をもった天使」とも言われてるんだ。悪の心をもった天使って、ハニャエルみたいな天使のことかな？

illustrated by 和馬村政

「エル」をつければ5秒で天使!

アダメル＆ヘルメシエル

いつの間にか天使になりました

ユダヤ、キリスト教にはたくさんの天使が登場する。しかし、すべての天使に由緒正しい由来があるわけではない。なかには、後世の学者や作家の妄想よって作られた天使もいるのだ。アダメルとヘルメシエルはその典型的な例だろう。

アダメルは、この世にはじめて生まれた人間「アダム」をもとにした天使だ。

聖書の正典では、アダムはあくまで神に作られた人間である。だが旧約聖書の偽典で、1世紀ごろに成立した文書『アダムとイヴの生涯』では、彼はアダメルと名前を変え、「輝く天使」とされているのである。また、旧約聖書の外典で、多数の天使が登場する『エノク書』でも、アダメルは「第2の天使」と呼ばれている。

一方のヘルメシエルは、ギリシャ神話に登場する伝令の神「ヘルメス」から生まれた天使である。ギリシャ神話のヘルメスは、魂を冥界へと導く役目と、神の言葉を人間に伝える役割を持っている。

ユダヤ教の学者たちは、ギリシャ神話のヘルメスが持つ役割が、天使の役割と似ていることに注目した。そして、ヘルメスを神に仕える天使「ヘルメシエル」としてユダヤ教に取り込んだのである。

工夫ひとつで大変身

古代のユダヤ教徒は、もともと天使でないものや、他宗教の神の名前に、ヘブライ語で神を意味する「el」をつけることで、天使の名前に変えていた。

この習慣はヨーロッパにキリスト教が広まるにつれてエスカレートしていく。人々は自分たちの生活に密着したさまざまなものに、かたっぱしから「el」をつけて、天使の名前に変えていった。このように民間レベルでいい加減に作られた天使のことは、名前に接尾語「el」がつくことから「接尾語の天使」と呼んでいる。

キリスト教社会に広まっていた天使信仰の過熱との相乗効果もあり、接尾語の天使として作られた天使の数は何百、何千という数があったと思われている。

加熱する民間の天使信仰を重く見たローマ教会は、745年、聖書正典に書かれた天使以外は信仰してはならないと決定した。これにより天使の過剰な量産はようやく沈静化していった。

ウリエルさまたちが悪魔にされたのは、その場のノリでテキトーにつくられたニセ天使が増えすぎたからなんですねえ。いい迷惑なのです！
あ、わたしは由緒正しい天使なのですよ。ほんとほんと。たぶん。きっと。

illustrated by フジヤマタカシ

すべては神の勝利のために!

ヴィクター

緑の島に導いた天使

ヴィクターは、アイルランドにキリスト教を布教した聖人「聖パトリック」に神のお告げを与えた天使だ。彼は聖パトリックの夢にあらわれると、アイルランドでキリスト教を広めるように導いた。

ヴィクターの姿や役割については、ほとんど知られていない。ある神学者の説によれば、ヴィクターは勝利者（Victor）である。つまりヴィクターは、キリスト教が異教徒から勝つために、聖パトリックを導いたのだという。

ヴィクターからお告げを聞いた聖パトリックは、432年にアイルランドに渡り、キリスト教の布教活動を開始している。

アイルランドのキリスト教

聖パトリックがアイルランドに広めたキリスト教は、ヨーロッパで信仰されていた一般的なキリスト教とはかなり違ったものだった。聖パトリックは、もともと独自の信仰「ドルイド」を持っていたアイルランド人にキリスト教を受け入れてもらうため、本来のキリスト教の信仰にアイルランド的な要素を取り入れたのだ。

たとえば彼は、キリスト教のもっとも重要な教えである「三位一体」を伝えるために、アイルランドの国花であるシャムロック（クローバー）を使った。クローバーの三つの葉はそれぞれ神、イエス、聖霊をあらわし、それがひとつの茎につながっている様子を「三位一体」の象徴として教えたのだ。

また、キリスト教の象徴である「十字架」もアイルランド風にアレンジされた。ドルイド信仰において太陽の象徴である「円環」を十字架と組み合わせ、さらにアイルランド風の模様で装飾して、右のような新しい十字架を作ったのだ。この独特の十字架はアイルランドに住んでいた「ケルト民族」から名前を取って「ケルト十字」と呼ばれ、アイルランドのキリスト教を象徴するものとなった。

現在では、アイルランド独特のキリスト教は「ケルト教会」と呼ばれています。ケルト教会のキリスト教は、アイルランドのほかにも、アメリカで広く信仰されていますよ。

illustrated by ヱシカ／ショーゴ

悪い子全員おっしおき☆

アナフィエル&クシエル

大天使をもムチ打つアナフィエル

日本では炎というと地獄をイメージするからか、どちらかというと炎には悪のイメージがつきまとう。だがキリスト教やユダヤ教ではそうでもない。もちろん炎に関連した悪魔は数多いが、全身が炎のメタトロン、炎の剣を持つウリエルなど、炎に関係した天使も多いのだ。アナフィエルとクシエルも、彼らと同じように炎の武器を持っている。その武器とは「炎のムチ」だ。

アナフィエルは「神から派生した者」という意味の名前を持つ天使だ。アナフィエは水の支配者であり、召喚すれば嵐を巻き起こすこともできるという。また、天国の館を管理し、その鍵を保管するという役目も持っている。

水の支配者がいつ炎のムチを振るうのかというと、それにはユダヤ教の大天使である「メタトロン」が深く関わっている。あるときメタトロンが罪を犯してしまい、神から鞭打ちの罰を受けることになった。このとき、神の命令でメタトロンを60回ムチで叩いたのが、アナフィエルだったのだ。

じつはアナフィエルとメタトロンにはこのほかにも深い関係がある。メタトロンは天使になるまえ、人間の預言者「エノク」であった。アナフィエルは、彼が天界にのぼって天使になったとき、その天界行きに同行した天使のひとりだったのだ。

国家規模で罰を与えるクシエル

クシエルは「神の厳格なる者」という意味の名前を持つ天使だ。クシエルはその厳格さをもって、神の代わりに異教徒や天使に罰を与える役割を持っている。また、天使のなかでは珍しく、地獄を統括する存在であるとも伝わっている。

クシエルのように、人間や天使に罰を与える7人の天使を「懲罰の天使」という。この懲罰の天使はただ罰を与えるだけではなく、信者に戒律を守らせるため、信者を見張ることもあるという。クシエルの場合、信者たちが戒律を守っているかを国家規模で監視する。国全体で神に背くようなおこないがあったときは、クシエルは国そのものに、手にした炎のムチを振るうのだ。

地獄を統括し、人間に罰を与える存在であるためか、一部の資料ではクシエルは堕天使として扱われることもある。

「ムチ打ちの刑」って、子供のイタズラの罰とか泥棒への刑罰とか、いろんな罪への罰として一般的だったんだってさ。なんでも、恥ずかしくて痛いわりに死亡率が少ないのがメリットなんだと。人間も悪魔に負けず残酷だよなぁ。

illustrated by 々全

我らモーセのお世話役トリオ

ハドラニエル&ナサギエル&ザグザゲル

モーセを導く三人の天使

日本では、映画「十戒」の海がまっぷたつに割れるシーンで有名な「モーセ」は、古代ユダヤ人の預言者だ。ユダヤ人の伝承によれば、彼は聖書を手に入れるため天国へ行き、下の3人をはじめとするさまざまな天使と関わりを持っている。

ハドラニエル

ユダヤ教の天国は7つの世界に分けられるが、その2番目の天国の門を守るのが巨体と大声を持つ天使ハドラニエルだ。ハドラニエルはモーセが神の許しを得て天国に来ていることを知らず、モーセを通せんぼして神に叱責《しっせき》された。

ナサギエル

獅子の頭を持ち、高潔な性格の天使。地獄の管理者であり、モーセに地獄の様子を見せた。その際モーセが怪我しないように、地獄の炎を遠くに移動させている。

ザグザゲル

名前の意味は「神の光輝」。70種類の言語を自在にあやつり、モーセにさまざまな知識をさずけた。その後モーセが死ぬと、ミカエルやガブリエルと協力してモーセの魂を天国まで送り届けている。

モーセって何者だ?

モーセは、50近くの文書をまとめた『旧約聖書』のうち複数の文書に登場する重要人物だ。彼はエジプトの奴隷だったユダヤ人を解放し、神との契約「十戒」を記した石版を持ち帰った人物として知られている。後世の研究により、モーセは紀元前16~12世紀ごろに実在した人物だったことがほぼ確定している。

9世紀に書かれたユダヤ教神学者の文書によれば、モーセは『旧約聖書』のうち5つの書を天国から持ち帰ったということになっている。彼が天使たちと対決したり、天国や地獄の様子を見て回ったのもこのときだ。モーセが持ち帰った5書はユダヤ教徒に『律法《トーラー》』と呼ばれ、もっとも重要視されている。

なお、モーセは死後に天に昇ったことで、エノク(←P028)やエリヤ(←P032)とおなじく天使になったはずだが、メタトロンとサンダルフォンに変わった彼らふたりと違って、モーセの天使名は明らかにされていない。

手元の資料によると、ハドラニエルは5.6km×60万ぶん、カマエル(→P054)より背が高くて、サンダルフォン(→P032)よりも500年歩く距離だけ、背が低いんだって。500年歩くって……いっくらなんでもデカすぎだよ。

illustrated by 成田りうく

「いただきます」は忘れずに♪

スリア

食前食後の祈りを届ける天使

スリアはユダヤ教の天使である。彼の役目は、食事のときに信者が唱える祈りを、神のもとへ届けることだ。

ユダヤ教では、食事は神から与えられたものとしている。そのため信者は、食前と食後に神への感謝の祈りを捧げるのだ。スリアは信者の祈りを感じると、その祈りを神のもとへ持っていく。スリヤが持ってきた祈りを見た神は、祈りを捧げた信者の食卓を祝福し、食事を神聖なものへと変えるのだ。

スリアは、天使の階級のなかで2番目に位の高い座天使《スローンズ》である。学者によっては、スリアは神の前に出ることを許されたもっとも位の高い「御前天使」のひとりとしている。またスリアには、天界にある宮殿の番人をする役目もある。

食事にうるさいユダヤ教

イスラム教の信者が豚肉を食べないように、宗教によっては食事に関する決まりごとや制限がある。ユダヤ教の食事に関する規定は「カシュルート」と呼ばれ、数ある宗教のなかでも、とくに厳しい。

ユダヤ教では、信者が食べてよいものを「コーシェル」と呼ぶ。このコーシェルは、旧約聖書の記述にしたがって決められているのだ。一般的なコーシェルは、以下のようなものである。

・蹄《ひづめ》があり、反芻《はんすう》する動物の肉（豚は×）
・鶏肉（ただし動物の肉を食べる、ハゲワシのような猛禽類は×）
・ヒレとウロコのある魚介類（タコやエビ、うなぎや貝類などは×）
・野菜と果物全般

このほかにも「血」を食べてはいけない（レアステーキは×）、乳製品と肉類を一回の食事で一緒にとってはいけない、レストランや異教徒の家でだされる食事はコーシェルではないなど、食物に制限はまだある。

このように、非常に厳しい決まりのあるユダヤ教の食事だが、現在では厳格に規定を守っているのは一部のみである。多くの宗派では、外食を例外としたり、魚介類はすべて食べてよいとしていたりと、全体的に規則は緩んできているのだ。

ユダヤ教じゃ食料にする動物を屠殺するときも「動物に余計な痛みを与えてはダメ」というルールがあるのです。だから専門の職人が神への祈りを唱えながら専用の刃物で一撃で即死させるのですよ。

illustrated by cruccu

当社比7倍、ちょっと長めの21日天下

ドゥビエル

天界の明智光秀？

天使ドゥビエルは「熊の神」という意味の名前を持っている。その役割は「ペルシャの守護天使」といって、当時のペルシャ地方、現代で言うところのイラン近辺の地域と、その国々を守ることだ。

ユダヤ教の伝承によると、ドゥビエルは上司であるガブリエルをだしぬいて、ガブリエルの地位を一時的に奪っていたことがある。(←p016)

イスラエルの守護天使だったガブリエルは、イスラエルを焼き尽くせと神に命令された。しかしガブリエルはこの任務をサボタージュし、守護天使の役目を解かれてしまう。かわりにイスラエルの守護天使になったのがドゥビエルだったのだ。なぜならドゥビエルが守護するペルシャはイスラエルと対立していたため、イスラエルの民に罰を与える任務に最適だと考えられたからだ。

ドゥビエルはイスラエルを焼き尽くすべく準備を進めるが、ガブリエルの必死の説得で神はイスラエルへの罰をとりやめる。こうして着任からわずか21日後、ドゥビエルはイスラエルの守護天使を解任されてしまったという。

その後ドゥビエルは、ガブリエルの後をついでイスラエルの守護天使になったミカエルと戦い、敗れたあげくに堕天使となってしまっている。

天使どうしの陣取りゲーム

守護天使には 2 種類がある。個人を守る天使と、国を守る天使だ。

当時、世界には70または72個の民族があると信じられており、民族ひとつごとにひとりの「国家の守護天使」が割り当てられていた。そして、民族同士が戦争をして、片方を支配したり滅ぼしたりするのは、守護天使同士が戦い、どちらかの守護天使が勝ったという結果を反映していると考えられた。紀元前500年ごろ、イスラエルと周辺国は「ササン朝ペルシャ帝国」という超大国に支配されていたが、これはペルシャの守護天使ドゥビエルが各国の天使に勝利した結果だといわれる。

守護天使は、現在でも「東方正教会」という宗派などで信じられている。だが、一方でキリスト教カトリック教会では、国家間の政治的な配慮もあり、国家の守護天使について触れられることは少なくなっている。

私以外の守護天使は、ラハブ(エジプト)、サマエル(ローマ)、ドゥビエル(ペルシア)、ミカエル(イスラエル)の4人しかわかっていません。それに今では、ミカエルさん以外はみんな堕天使とされていますね。残念なことです。

illustrated by シコルスキー

ハッピバースデー、イエス～！

ベツレヘムの星

クリスマスの天使

12月25日、キリスト教の祝日「クリスマス」が、救世主イエス・キリストの誕生日だ、ということを知っている人は多いだろう。さて、クリスマスといえば、町中に飾られる「クリスマスツリー」がすぐに思い浮かぶ。その頂上には、かならず大きな星が飾られているのだが……じつはこの大きな星は、ただの星ではなく、天使だと信じられているのだ。

この星は「ベツレヘムの星」といって、イエス・キリストが誕生したことを世界中に知らせた天使なのである。

星はこうして天使になりました

聖書において、星が天使だと考えられることは、そう珍しいことではない。旧約聖書の文書には、イスラエル軍の戦争に星が手を貸したり、明け方の金星が声をあわせて歌う様子が書かれている。そして新約聖書には、そのものずばり「にがよもぎ」という、星の姿をした天使が登場する。（←p050）

そもそもユダヤ人は、星は「空で燃えている火」だと考えていた。火はしばしば天使が変身した姿として利用されることがあり、星の正体が天使であることにも違和感はなかったのだ。

ベツレヘムの星に関する記述は、新約聖書に収録された文書で、イエスの生涯と言動を記録した文書『マタイの福音書』にくわしく書かれている。

ユダヤ人の夫婦、ヨセフとマリアは、ローマ帝国の命令で、人口調査に応じるためにエルサレムへ旅していた。だがその途中、ベツレヘムという町でマリアが産気づいてしまった。マリアはしかたなく、馬小屋で息子、イエスを出産する。

これに先立つこと数ヶ月、空にベツヘレムの星が輝いた。ベツレヘムの星の意味に気付いたのは、エルサレムの東方に住んでいた3人の天文学者だった。学者たちは救世主の誕生を知ると、星が動く方向に向かって旅を開始した。やがて学者たちは、星が移動をやめ、ベツレヘムの上で停まったことに気付く。この星が止まった瞬間が、イエス誕生の瞬間だといわれている。

illustrated by 空中幼彩

クリスマス≠イエスの誕生日

じつは、クリスマスがイエスの誕生日だというのは真っ赤な嘘である。

12月25日がクリスマスになったわけは、キリスト教徒が、異教徒の祭日に便乗して祭りをしたことに由来している。つまり、キリストの誕生日と12月25日は、本来まったく関係がないのだ。（→p110）そして、世界中で使われている暦「西暦」では、イエスが産まれた年が西暦1年だと定めている。ところが、後述する根拠により、どうやらこの数字もいい加減なものであるらしい。

すると当然、イエスの誕生日は何年の何日か、という疑問が生まれる。ベツレヘムの星は、このイエスの誕生日を知るうえで非常に重要な存在なのだ。なぜなら、ベツレヘムの星は特殊な天文現象だと考えられるため、ベツレヘムの星がどのような天文現象だったか調べれば、イエスの誕生日を日単位で算出できるからだ。

まずは、イエスの誕生が何年のことだったかを調べる。『マタイの福音書』によれば、イエスが誕生したのは「ヘロデ王の在位中、ローマの人口調査が行われた年」ということになる。現在の研究では、ローマの人口調査が始まったのが紀元前7年、ヘロデ王が死亡したのは紀元前4年または1年だとされているから、イエスは紀元前7年～紀元前1年のあいだで産まれたことになる。

つまり、紀元前7年～紀元前1年のあいだに発生した特殊な天体現象を調べれば、その現象こそが「ベツレヘムの星」である可能性が高いのだ。

「星」の正体を探れ！

ベツレヘムの星の正体については研究途上であり、いくつもの説がある。ここでは代表的な説を列挙していこう。

・惑星会合説

17世紀初頭、ドイツで活躍した天文学者「ケプラー」が提唱した有名な説。紀元前7年の5月27日、10月5日、12月1日と、3回連続で木星と土星が接近する「惑星会合」が発生しており、この現象がベツレヘムの星だというのだ。この説によれば、イエスの誕生日は3回目の会合日、12月1日だという。

・超新星説

古代中国の記録に書かれている超新星（恒星の爆発）がベツレヘムの星だという説。超新星は紀元前4年の2月23日に観測されている。

・彗星説

紀元前5年と4年に観測された彗星のどちらかがベツレヘムの星だ、という説。

・木星食説

1991年に発表された比較的新しい説で、木星が月に隠される「木星食」がベツレヘムの星だとする説。木星食は3月20日と4月17日に連続して起こっており、二回目の木星食である4月17日がイエスの誕生日だと主張されている。

ベツレヘムの星には、色んな説があるんだな（資料を見ながら）。ん、なんだろこの説？　なになに「ベツレヘムの星の正体はUFOだったんだよ！」
な、なんだってぇ～!! じゃなくて、いくらなんでもこれはないだろ。

グノーシス主義の天使

Angel of Gnosticism

グノーシス主義は、キミら人間が知ってる「神様」は実はワルイやつで、この宇宙そのものが悪の支配する世界だって教えている過激な宗教なんだ。キリスト教の天使の大部分がワルモノとして登場するけど、ほかにも独自の天使がいるんだぜ。

悪の宇宙をクリエイト

ソフィア&デミウルゴス

物質宇宙の創造者

キリスト教の世界では、この宇宙はすべて唯一神ヤハウェが作ったことになっている。だが、キリスト教の亜流でありながら、神がこの世界を作ったことを否定する宗教がある。それが「グノーシス主義」だ。

ここで紹介するソフィアとデミウルゴスは、グノーシス主義にとってもっとも重要な天使のひとりだ。なぜならグノーシス主義において、われわれが住む物質宇宙を作ったのは、彼らふたりだからだ。

グノーシス主義ってなんだ?

ソフィアとデミウルゴスについて説明する前に、まず「グノーシス主義」という宗教について説明しておこう。

グノーシスとは「認識」「知識」を意味するギリシャ語で、1世紀ごろに産まれた宗教思想だ。グノーシス主義という思想形態は世界中で同時多発的に産まれたので、世界中に亜種が存在する。そのなかで有名なのが、キリスト教をグノーシス主義的考え方で再構築した「キリスト教グノーシス派」なのだ。

グノーシス主義のもっとも基本的な教義は、われわれ人間が暮らしている物質宇宙は悪の宇宙であり、真の宇宙、善なる宇宙は別の場所に存在するという考え方だ。多くの宗教が教えている「善なる神が善の宇宙を作った」という考え方は間違いであり、むしろ悪がこの世を作ったのである。

グノーシス主義にとって物質は悪であり、霊的存在こそが善である。グノーシス主義の信者はは物質宇宙という牢獄から抜け出すために、グノーシス……つまり「知恵」を獲得し、物質とのつながりを断ち切ることを目指しているのだ。

さて、キリスト教グノーシス派の場合、その教義は以下のようになる。

キリスト教徒はこの宇宙を作ったのは唯一神ヤハウェだと言うが、それは間違いである。じつはこの宇宙を作ったのは、自分が唯一神だと勘違いしている悪の天使「デミウルゴス」なのだ。本当の神はデミウルゴスが作った世界の外側に存在し、「アイオーン」という善の天使をしたがえている。そしてデミウルゴスも自分にしたがう悪の天使を持っており、彼らは「アルコーン」と呼ばれる。

illustrated by あみみ

キリスト教やユダヤ教で信じられている天使たちは、グノーシス主義者にとっては「アルコーン」、すなわち悪の天使だ。ミカエルやガブリエルは一見善の天使だが、じつは人間をだまして物質界に閉じこめ、人間がグノーシスを手に入れないように監視しているのだとグノーシス主義者は考えている。

後悔のアイオーン、ソフィア

キリスト教グノーシス派には無数の亜流が存在するため、ソフィアとデミウルゴスの描かれ方はばらばらで一定しない。ここではもっとも有名なグノーシス文献『ナグ・ハマディ文書』の記述を基本に、ふたりを紹介していこう。

ソフィアは、もともとギリシャ語で「知恵」を意味する単語だ。「グノーシス」とよく似た意味の単語を呼び名としていることから、ソフィアがグノーシス主義のなかでいかに重要なのかをうかがい知ることができる。

グノーシス主義の宇宙に女性のアイオーン、すなわち善の天使として産まれたソフィアは、自分を産んだ神という存在がどれだけ偉大なのか知りたくなった。その思いは暴走し、やがてデミウルゴスという存在を産みだしてしまう。

デミウルゴスは天国からはるか遠い地に、自分が王として君臨する「物質界」を作り出した。ソフィアは「神のことを知りたい」という傲慢の代償として、とてつもない過ちをおかしてしまったのだ。

後世、ソフィアは世界の知恵を象徴する女性として、グノーシス主義だけでなくキリスト教の世界にも取り入れられた。キリストの母である聖母マリアもソフィアの知恵の側面を吸収しており、現在のマリア信仰につながっている。

傲慢なる暴君デミウルゴス

神の偉大さを知ろうとして叶わなかった、ソフィアの絶望から生み出された両性具有のアルコーン。それがデミウルゴスだ。その名前はギリシャ語で「職人」を意味する単語であり、世界を作った造物主という意味が込められている。

デミウルゴスは神の光が届かない遠い世界に産み落とされた。そのため彼は自分が神であると思いこみ、天地を創造し、彼の子供であるアルコーンを作り出した。また、ソフィアたち善のアイオーンが神の威光を知らしめるために、霊的な存在である「光のアダム」と「光のエヴァ」を送り込むと、デミウルゴスはそれに対抗して、肉体を持つ「肉のアダム」と「肉のエヴァ」を産みだした。彼らが地上に降りてわれわれ人間の祖先となったのである。

デミウルゴスは、ソフィアの干渉によって自分が神ではないことを知ったが、それを人間やアルコーンたちに知られないために虚勢を張り続けた。グノーシス主義の考え方では、旧約聖書に登場する残忍なヤハウェは、デミウルゴスが神になりすました姿なのである。そのため彼は、ヤハウェに関連する呼び名である「ヤルダバオト」という名前で呼ばれることも多い。

グノーシスでは、旧約聖書にでてくる残忍な神はデミウルゴスで、新約聖書の優しい神は、旧約の神とは別の「真の神」だと考えているんです。イエス様は「真の神」のことを知らせるために派遣された使者なのですね。

天使のリース

ガブリエル様～、事件なのです！　アクシデントなのです！
ちょっとこれを見てほしいのです！

うわっ！　なんだそのボロボロの枕！　中身でてるじゃん！
お前、寝相が悪いのは知ってたけど、そこまでひどいのかよ。

わ、私の寝相はいまは関係ないのです！
ちぎれた羽毛マクラを掃除していたら、こんなものが出てきたのですよ。
なんか羽毛がたくさん集まって、ドーナツみたいな形で固まっているのです。

ん、なんだこの輪っか？
まるで天使の輪っかみたいな形をしてるなあ。

あら、ハニャエルさん、よかったですね。これは「天使のリース」といって、アメリカのオザーク地方で「幸運の御守り」と信じられているのですよ。
ちなみにリースとは、壁に掛けたりして飾る花輪のことですね。

へー、そうなんデスか。
ところで、オザーク地方ってどこなんデス？

（ぱらぱら）アメリカのド真ん中よりちょっと南東にいったところにある「アーカンソー州」にあるらしいのです。このガイドブックには、変わった民間伝承の宝庫、と書いてあるですよ。

へー、いろんな伝承があるんだな。
なになに、流れ星が流れたら「金、金、金」ととなえると豊かになれる？
なんかずいぶんムシのいい伝承だなあ……

ちなみに天使のリースは、亡くなった人の枕の中から探すのが正当なのですけどね。まあハニャエルさんは天使ですから死ぬこともないですし、「結果オーライ」ということにしておきましょうか。

（がさごそ）……あれ？　ガブリエル様～、枕のなかからもう一個かたまりが見つかったんデスけど。こっちはぐちゃぐちゃ固まってるだけで、なんか天使のリースのできそこないみたいな……

なんと、それはいけませんね。
できそこないの天使のリースは、妖術によって悪魔が作ったものだという伝承もあるんです。ハニャエルさん、なにか妖術をかけられているかもしれませんよ。

ええ～～～！
おはらいを、おはらいをしてくださいなのです！

天使？　悪魔？　結局どっち？

サマエル

異端のなかでもやっぱり異端児

天使サマエルは、キリスト教の異端である「グノーシス主義」の神話に登場する。その名前は「目の見えない神」を意味する。

ユダヤ、キリスト教両方の聖書に収められた『創世記』には、ヘビにそそのかされたアダムとエヴァが知恵の実を食べ、楽園を追放される有名なエピソードがある。一般的には、このとき登場するヘビは悪魔ルシファーだとされている。しかしグノーシス主義の一部では、このヘビは「知識」を与えた善の天使「サマエル」だとされているのだ。グノーシス主義は、知識こそが至高のものという考え方なので、知恵の実を食べさせたヘビは善の存在になるのである。

その一方で、サマエルは悪の天使と見られることもある。サマエルは目の見えない天使だが、盲目とは「無知」の象徴である。グノーシス主義の教義では、無知でいることはすなわち「悪」であるため、サマエルは悪魔とみなされる。

グノーシス主義で全知の存在とされている天使ソフィアは、息子でありキリスト教グノーシス主義で重要な神であるデミウルゴスの無知に怒って「サマエル」と呼んでいる。このことからサマエルとデミウルゴスを同一視する意見もある。

所が変わって立場も急変

サマエルは正統なユダヤ、キリスト教の物語にも登場する。サマエルは芸術を好み、熾天使《セラフ》という高い地位にいる天使だったが、のちに堕天して悪魔となった。

堕天使サマエルは「神の毒」「神の悪」という意味をもっている。死の天使として軍隊を率いるほか、悪魔たちのトップである「サタン」と同じ存在だと見られることも多い。旧約聖書の偽典であり、預言者バルクに下された秘密の預言について書いた『バルク黙示録』には、グノーシス主義と同じく、サマエルが蛇に変身してアダムとエヴァを誘惑するエピソードがある。このときのサマエルは、天使ではなく悪魔として扱われる。

サマエルは天使の名前としても、悪魔の名前としても使われる奇妙な存在だ。そのため「サマエル」は、特定の天使をあらわす固有名ではなく「力がありながら、傲慢して神に逆らう存在」を指す一般名詞ではないか？　とする意見もある。

サマエル様の起源は、中東のセム族が崇めてた「サマルディ」や、インドのバラモン教に登場する嵐の神が紀元だとする説もあるんだ。まぁ、どっちも異教の神だから、結局ユダヤ教では悪魔として扱われるんだけど。

illustrated by 了藤誠仁

どこに行っても偉いんです!!

メルキセデク

イエスより偉い？　天使

メルキセデクは「正義の天使」という意味の名前を持つ天使だ。彼はユダヤ教、キリスト教、キリスト教グノーシス派と数多くの宗教で登場する天使だが、とりわけキリスト教グノーシス派において重要な役割を与えられている。

彼はグノーシス派のなかでも有数の、非常に力のある天使である。キリスト教グノーシス派を信仰する者のなかには「メルキセデクはイエスよりも偉大で力がある」と主張する者もいるほどだ。

キリスト教グノーシス派は、キリスト教の教義を色濃く受け継いでいるのだが、その中心的な考え方である「三位一体」にもメルキセデクは深く関わっている。三位一体とは「神には神自身、預言者、聖霊の3つの姿がある」という考え方で、メルキセデクはグノーシス派で「聖霊と同等の存在」だとされているのだ。つまりメルキセデクは、神と同等の偉大な存在ということになる。

メルキセデクは力があるだけでなく、たくさんの信仰も集めたようである。エジプトで発見されたグノーシス派の文書のひとつ『偉大な言葉の書』では、まるまる1冊、メルキセデクを讃える言葉が書かれていたという。

キリスト教でもやっぱり天使

キリスト教グノーシス派は、キリスト教の教義を正反対に裏返したような教義を持っている。キリスト教で人々を助ける天使は、グノーシス派においては人間をだましてこの世界に閉じこめている悪の存在と考えられているのだ。そのため、キリスト教の天使はグノーシス派では悪の天使であり、逆にキリスト教の悪魔のなかには、グノーシス派で人間の味方と考えられる者が複数いた。

ところが、メルキセデクはその例にあてはまらない。メルキセデクはキリスト教でもグノーシス派でも人間の味方をする、数少ない天使なのだ。

このメルキセデクという天使のもとになったのは、旧約聖書に登場するユダヤ人の王「メルキセデク」だ。彼は「正義の王」「平和の王」とも呼ばれ、偉大な人物として描かれている。また、旧約聖書に収録されなかった文書『エノク書』では、彼は人間として天使に育てられ、その後天界に行って自分も天使となっている。

実は聖書には、メルキセデクさまが天使だとはどこにも書いてないんですよ。しれでも、たくさんの神学者さんがメルキセデクを天使としたんだそうです。すごいのです、証拠もないのに天使扱いされるほど立派な方だったですね。

illustrated by ヤサカニ　アン

「諸学派の天使」トマス・アクィナス

キリスト教を学ぶ学問を「神学」と呼ぶ。その神学を学ぶ上で、重要なテキストのひとつとして挙げられるのが『神学大全』だ。『神学大全』は中世のキリスト教会議で、聖書の隣に置かれた唯一の書物である。

『神学大全』の著者は、トマス・アクィナスという13世紀の神学者である。トマスは、現在のキリスト教カトリック教会において、キリスト教2000年の歴史で33人しかいない「教会博士」のひとりだ。

・神秘体験から執筆をやめた天使的博士

トマスにとって一生の仕事となった『神学大全』は、神学初心者向けの解説本だ。キリスト教の世界観をあらゆる面から研究し、「神の本質」「神の存在証明」「キリストの生涯」の三部構成で神学を説明している。

神の本質を語った『神学大全』の第一部には、天使に関する項目も多く書かれており、この天使観はカトリック教会に公認された。研究の成果とおだやかな人柄が評価され、彼は「天使博士」「諸学派の天使」と呼ばれるようになった。

トマスの知性は人々にとって驚くべきものだったようで、ふたりの秘書に別々の用件を同時に伝えた、寝ている間に文章を練り上げている、などの逸話もまことしやかにささやかれていた。

だがトマスは、1273年12月、突然『神学大全』の執筆をやめてしまう。『神学大全』は、彼自身が神から受けた啓示を読者に伝える、という形式の本になっているのだが、自分が受けた啓示を文字で伝えきれない無力感が断筆の理由だと本人は記している。しかし現代の研究では、過労による発作か神経衰弱が断筆の理由であろうと推測されている。

その約三ヵ月後、1274年3月7日にトマス・アクィナスは天国に旅立った。未完となった『神学大全』は、その後弟子たちの手によって未執筆部分が追記され、三部構成の大著として完成した。

・『神学大全』から生まれた皮肉表現

「神学大全」最大の功績は、それまで各書物にばらばらに書かれていた神学的解説をひとつにまとめたことと、神学と哲学を結びつけ、神学を学問として成立させたことである。トマスの神学に対する考え方は、彼の名をとって「トミズム」と呼ばれ、彼に続く多くの神学者を生む母体となった。しかし、その内容にはまったく非のうちどころがない、というわけではない。

『神学大全』には、天使が全部で何体いるか、という研究項目もある。だが、霊的な存在である天使を数えることは不可能だ、と批判もされた。「針の上で同時にダンスできる天使は何人か？」という問題は、カトリック教会の会議において、不毛な議論を皮肉るジョークとして使われたという。

イスラム教の天使

Angel of Islam

イスラム教は、キリスト教やユダヤ教から生まれた比較的新しい宗教です。ミカエル様やガブリエル様のような代表的天使は、名前をイスラム教風に変えてそのまま登場なさいます。もちろん、イスラム独自の天使もいらっしゃいますよ。

まばたきひとつでヘブンズドアー

イズラーイール

生きるも死ぬもノート次第

イズラーイールはイスラム教の死の天使であり、書記係だ。イズラーイールはイスラム教の四大天使のひとりである。名前には「神が助ける者」という意味がある。また、その名前は「アズラエル」と発音されることもある。

死の天使であるイズラーイールは、この世の人間すべての名前が載った、巨大な本を持っている。そして人間が生まれるたびにこの本に名前を書き込み、人間が死ぬたびに本から名前を消していく。書記の天使といわれるのはこの話が原因だ。

イズラーイールは今後死ぬことになる人間の名前をイスラム教の唯一神「アッラー」から受け取ると、死ぬべき人間のもとに登場する。彼は人間の肉体と魂を引き離すことで肉体に死を与え、魂をアッラーのもとに連れていく。魂はアッラーのもとで裁きと許しを受けると、さらに高貴な存在に引き上げられるのだ。

このためイスラム教徒は、イズラーイールが死の天使であるにもかかわらず、その来訪を歓迎すべき出来事だと考えているようだ。

イズラーイールの外見は、死ぬべき人間に受け入れられやすいように、親しみやすい姿になっているという。しかしその記述は、現代人から見れば奇怪そのものだ。

イズラーイールは天使のなかでもっとも大きな身体を持ち、4つの顔と7万の足、4000枚とも4万枚ともいわれる無数の翼を持っている。また、空を飛ぶときは100万枚のヴェールで身体を包み、ヴェールの下には無数の目玉と舌が並ぶという。この目玉は一個一個が人間ひとりと対応しており、目玉がまばたきすると、その人間が生死の境をさまよっていることを意味している。

任務とあれば即行動

イズラーイールは、四大天使中もっとも職務に忠実な天使だといわれている。

かつてアッラーが最初の人間「アーダム」を作ろうとしたとき、アッラーは天使たちに材料となる土を取りに行かせた。だが天使たちは土の持ち主である大地にだまされ、土を持って帰ることができなかった。だがイズラーイールだけは大地の脅しに耳を貸さず、見事に土を持ち帰った。イズラーイールはこの功績によってアッラーに信頼され、人間に死を与える役割を任されることになったのだ。

人間の生死を管理しているイズラーイールさんですが、誰がいつ死ぬかまではわかりません。彼はアッラー様から、これから死ぬ人間が誰であるかを教えてもらいます。そしてその人間の死後40日目に、魂を体から引きはなすのです。

illustrated by 本町圭祐

泣き虫すぎて神サマもたじたじ？

イスラフィール

繊細な心をもつ音楽家天使

イスラフィールは、音楽と復活を担当する、イスラム教の天使だ。その姿は4枚の羽根と角笛（ラッパ）をもった、非常に巨大な天使として描かれる。その身長は非常に大きく、地上から天界まで届くほどだ。

イスラム教の神アッラーによって、イスラフィールは地獄の監視者という役目を与えられている。彼は昼と夜に3回ずつ、天国から地獄を見下ろすのだ。だがイスラフィールはとびぬけて心優しい天使であり、この役目はかなりの苦痛であるようだ。地獄において過酷な責めを受ける人間たちを見て、イスラフィールは大量の涙を流す。この涙は放っておくと地上を水浸しにするくらいの量があるので、アッラーはそのたびにイスラフィールが泣きやむよう努力しなければならないという。

イスラフィールは音楽と復活の天使だとされているが、じつはこのふたつの要素には関連がある。イスラフィールが持っている角笛の断面は蜂の巣状になっていて、この蜂の巣の部屋ひとつひとつに死者の魂がおさめられているのだ。そしてしかるべき時がくると、この魂はラッパの音とともに解放され、復活するのである。

また、イスラフィールの歌声には特別な力がある。彼がアッラーを賛美する歌を歌うと、その声からは何百万という天使が産まれるのだ。

その音色は世界の終わり、の始まり

世界のさまざまな宗教には、世界には終わりがあり、神を信じる者だけが救われ、信じない者は消滅するという考え方がある。これが「最後の審判」だ。

イスラム教では、この最後の審判は「裁きの日」と呼ばれる。裁きの日が来たことを知らせるのは、イスラフィールの役割だ。彼は手にした角笛を吹き鳴らして、すべての人間の魂を墓場から呼び起こすのだ。イスラフィールが「復活の天使」という別名で呼ばれるのはこのためである。

呼び起こされた魂は、神を信じる魂とそうでない魂に選別される。このとき、神を信じない魂は炎によって消滅するという。このとき、イスラフィールを含むほかの天使たちも、背教者の魂と一緒に消滅してしまう。イスラフィールの名前には「神の炎」「燃える者」の意味があり、「裁きの日」との関連性がうかがえる。

裁きの日がいつ訪れるのかは、誰もわからないのです。100年後かもしれないし、明日なのかもしれないのです。はわ～、これじゃあイスラム教の人は、心の休まるヒマがありませんですねえ。

illustrated by けいじえい

その正体は神か天使か!?

イーサー

イスラム教では天使で預言者

キリスト教の救世主「イエス・キリスト」は、イスラム教の世界でも大きな存在感を放っている。イエスはイスラム教徒に「イーサー」という名前で呼ばれ、神に作られた「天使」だと考えられているのだ。

イエスは、イスラム教の唯一神「アッラー」が、処女マルヤムに精霊を吹き込んで妊娠させた結果生まれた子供だ。つまりイーサーは人間の枠を越えた、天使にひとしい存在なのである。ちなみにイーサーの母であるマルヤムは、キリスト教の「聖母マリア」と同一人物で、彼女もイスラム教徒にとても深く尊敬されている。

イーサーは天使であると同時に、アッラーの言葉をイスラエルの人々に伝えた偉大な預言者でもある。イーサーの業績のなかでもっとも重要なのは、イスラム教の創始者である預言者「ムハンマド」の登場を予告したことだ。また彼は、神の教えが書かれている経典をアッラーからあずかり、人々に広める役割も果たした。

イスラム教徒のあいだでは、イーサーは粗末な羊毛の服を着た修行者として想像される。この姿は、イスラム教が生まれた7世紀ごろの、キリスト教の修道士をもとにイメージしたものだと思われる。

やっぱり違うイエスとイーサー

処女から産まれ、病人を癒し、死者を生き返らせ、救世主と呼ばれる。イーサーの誕生や活躍の内容は、『旧約聖書』に書かれているイエスの業績とほぼ同じだ。なぜならイスラム教にとっては、イスラム独自の聖典『コーラン』だけでなく、ユダヤ教やキリスト教の『旧約聖書』も信仰の対象だからだ。

ただし、イエスとイーサーには決定的な違いがふたつある。まずは、イーサーは十字架で死んでいないこと。十字架で死んだのはよく似た別人であり、イーサー本人は神によって天国へ行ったと、イスラム教徒は信じている。もうひとつは、イーサーが神の子ではないこと。イスラム教徒にとって神はアッラーひとりであり、神が子供を作ることも、イーサーが神と並ぶ存在であることもありえないのだ。

ふたつの違いは聖典『コーラン』にも明言されている。イスラム教に改宗するキリスト教徒は、イーサーが神の子でないことを宣言する必要があるという。

イスラム教徒は「君らのイエス様も尊敬しているのに文句言うなよ！」キリスト教は「神であるイエス様を人間呼ばわりとは何事か！」……はぁ、宗教って本当にむずかしいものですね……

illustrated by あみみ

本当に天使ですか？

マリク

冷酷に地獄を管理する天使

マリクは、イスラム教の経典『クルアーン』に登場する天使だ。マリクは死んだ人間の魂を地獄に連れてくる。また、地獄を管理し守る役目もある。

地獄の管理者であるマリクがどのように仕事を果たしているかは『クルアーン』に詳しく書かれているが、その性格は、実は悪魔なのではないかと思ってしまうほど無慈悲だ。マリクの役目のひとつに、地獄に落ちた人間の魂を火あぶりにすることがあるのだが、そのとき苦痛にあえぐ魂はマリクに助けを求める。だがマリクは彼らの叫びにまともにとりあわず、冗談で答えるだけだという。

地獄の管理という仕事をおこなっているのはマリクだけではなく、彼は部下に19人の天使を引き連れている。彼らは「ザバーニーヤ」または「スビレス」と呼ばれる。ザバーニーヤという名前には「乱暴に突く者」という意味があり、マリクとともに地獄にいる魂を苦しめる役目がある。ただし、地獄にあってなおアッラーを讃える者は、ザバーニーヤの責めだけは免れるという。

マリクは、イスラム教徒だからといって地獄の魂を見のがしてくれるわけではないが、イスラム教を信じない人間にくらべれば比較的おだやかな態度で接する。彼は、たとえ今地獄にいる魂であっても、イスラム教を信じる者はやがて罪を許され、天国に行けることを知っているのだ。

炎の渦巻くイスラムの地獄

キリスト教における地獄にはさまざまな説があり、聖書にも正確な描写がない。しかしイスラム教では、経典であるコーランに地獄の描写がくわしく描かれている。

イスラム教の地獄は地表よりもかなり下の地下にあり、中東にある荒れ果てた砂漠に似ている。地獄のなかには灼熱の炎や、底なしの落し穴といった7つの階層があり、生前に罪を犯した魂はここに落されるのだ。

イスラム教では、人間は死ぬと必ず神《アッラー》の前にでて、神《アッラー》自身の手で天国と地獄のどちらに行くか決められる。このとき、神《アッラー》を信じない者は、生前にどんなに裕福であっても問答無用で地獄に落される。

こうして地獄に落ちた魂は、マリクたちによって炎に焼かれることになるのだ。

2004年に起きた「スマトラ沖地震」のとき、衛生管理のためにイスラム教徒さんの遺体を火葬したことが大問題になりました。イスラムでは「火で焼かれる＝地獄」というイメージから、火葬を侮辱的行為として禁止しているんです。

illustrated by 美弥月いつか

赤点信者は許しません

ムンカル&ナキール

悪事はバッチリお見通し

イスラム教の天使学では、ユダヤ教、キリスト教とくらべて、死後の世界にかかわる天使の割合がとても多い。このムンカルとナキールも人間の死にかかわる天使で、彼らはつねに二人で活動するコンビの天使として知られている。

ムンカルとナキールに与えられている役割は、死者の尋問だ。死者が墓に埋められると、ふたりの天使はその日のうちに墓にあらわれ、死者の身体をまっすぐに置き直す。そして墓にとどまる死者の魂にむかって、矢継ぎ早に質問を繰り出す。

ムンカルとナキールが死者に投げかける質問は、死者が生前、イスラム教の教えにしたがって生きてきたかどうかを確かめるためのものだ。質問の内容は、イスラム教の創始者である預言者「ムハンマド」の役割を答えさせるなど、イスラム教徒にとっては知っていて当然の質問ばかりである。しかし罪人や不信心者は、たとえ知識があったとしてもこの問いに答えることができないのだ。

ふたりの質問に答えることができた者は、死後の時間を安らかに過ごすことができる。しかし、不正解者は彼らに、半永久的に肉体を叩かれることになる。

しかし罪人たちにも、一週間に一日だけ、苦痛から解放される「安息日」がある。安息日は、ほぼすべての者が仕事をしてはいけないと決められている日で、イスラム教では金曜日が安息日となっている。この日だけは死せる罪人も苦痛から逃れ、安らかに過ごすことができるという。

ふたりの罰はあくまで前菜？

イスラム教では、死んだ人間から離れた魂は、やがて天国か地獄に行くことになっている。だが、魂が天国や地獄に行くのは世界が終末を迎えたときであり、それまで死者の魂は墓にとどまることになっている。

つまりムンカルやナキールは、世界が終わる日までずっと、不信心者の身体を叩き続けるのだ。では世界が終われば彼ら罪人への責め苦も終わるだろうか？

いや、そんな生やさしいことは許されない。世界が終わるとき、罪人たちはたしかにムンカルとナキールから解放されるが、その魂は地獄へ送られる。罪人たちの魂は、地獄でいままで以上に厳しい罰を受けることになるのだ。

ムンカルとナキールは、黒っぽい肌に青い目をしているっていうよ。イスラム教では青い目は「邪眼」だっていうから、もしかしたら死者が嘘をつけないのは邪眼パワーなのかもしれないなあ。

illustrated by フジヤマタカシ

フランス革命特集

お～いハニャ、むかしアスタロト様に聞いたんだけどさ、
18世紀の終わりごろに「フランス革命」ってのが起きただろ？
あそこには天使がたくさんいたんだって？

たくさんかどうかは知らないけれど、ひとりは知ってますですよ。
フランス革命の原動力、若き革命家「サン・ジュスト」様なのです！
25歳の最年少議員！　天才理論家！「革命の大天使」なのですよ～（うっとり）

ハニャエルちゃん、感心しませんよ。よりによってサン・ジュストさんだなんて。
神に仕える者としてもっと自覚を持ってもらわないと。

（ビクッ）えっ、どうしてですか？
「天使」と呼ばれたくらいチョー美形で、歴史上の偉人なのに。

あの方は、キリスト教の祝祭日を全部廃止したり、カトリック教会の選んだ司教さんを勝手にクビにしたうえに、フランスの国家宗教を勝手に作ろうとまでしたんです。これは天使として見過ごせません！　ほら、お読みなさい。

（歴史の本を受け取り、ぱらぱら）はうっ！　聖職者さんだけで1000人以上も虐殺されてるのです……
こんな血まみれぶしゃーな革命だなんて、知らなかったです……

こんな虐殺のせいで、サン・ジュストは「恐怖の大天使」とも呼ばれたみたいだな。まあ、人権宣言っていうのを出してみたり、平等な選挙をやってみたり、メートル法を採用したり、いろいろ良いこともやったみたいだけどさ。

ジュストさんだけではありませんよ。サン・ジュストさんの仲間を暗殺した美女「シャルロット・コルデー」さんは「暗殺の天使」ですし、革命に抵抗した農民軍の指揮官も「大天使」と呼ばれています。フランス革命は天使だらけですね。

なんだか、血なまぐさい天使さんばっかりなのです……

（ぱらぱら）フランス革命時の処刑による死者、約2万人。戦争とかでの死者も入れると合計60万人か。こりゃ地獄も大繁盛だっただろうなぁ。

ちなみに「暗殺の天使」ことシャルロット・コルデーさんは、たいそうな美人で、人殺しとは思えないほどおしとやかな人だったそうです……ギロチン台に連れて行かれる彼女を見て、一目で恋をしたパリっ子が少なくなかったそうですね。

これだからフランス人は……

ゾロアスター教の天使

Angel of Zoroastrianism

ゾロアスター教はですねぇ、今でいうイラン、当時ペルシャと呼ばれていた地域で、ユダヤ教よりずーっと前から信仰されてた宗教なんですよぉ。ユダヤ教徒のみなさんは、ゾロアスター教の天使にかなり影響を受けてたみたいなんですぅ。

いつのまにやら自然消滅

スプンタ・マンユ

存在が消えた創造の天使

スプンタ・マンユは、キリスト教より2000年ほど古くから存在していたとされる宗教「ゾロアスター教」に登場する大天使だ。

ゾロアスター教の最高神は、全知全能の神アフラ・マズダである。創造の天使スプンタ・マンユはアフラ・マズダの分身であり、神の命令によってこの世界を作り出した存在だ。また、彼はゾロアスター教の7人の最高位天使「聖なる不死者《アムシャ・スプンタ》」のリーダーであり、もっとも高位の天使だと言うことができる。

ところがこのスプンタ・マンユは、ゾロアスター教のなかでもっとも特殊な立ち位置にいる天使でもある。ゾロアスター教の教義は前半期と後半期でかなりの違いがあり、後半期の教義にはスプンタ・マンユは存在していないのだ。

ゾロアスター教後半期の教義では、本来スプンタ・マンユがつとめるはずの「聖なる不死者《アムシャ・スプンタ》」の最高位は、神であるアフラ・マズダ本人だということになっている。スプンタ・マンユはあくまで神の性格のひとつだと考えられるようになり、独立した個性ではなくなってしまったのだ。もちろん、世界を創造するという重要な役割も、アフラ・マズダ自身が行ったことになっている。

スプンタ・マンユはなぜ消えたか？

スプンタ・マンユが消えた理由はふたつ。片方は、スプンタ・マンユはアフラ・マズダの創造の役割を切り取ったような天使だったので、独立して存在する理由が薄いこと。もうひとつは、前半期ゾロアスター教の教義には矛盾があり、それを解消するためにはアフラ・マズダが「聖なる不死者《アムシャ・スプンタ》」の最高位になる必要があった。

また、論理的な方向から「もともとスプンタ・マンユなど存在しなかった」と主張する意見もある。ゾロアスター教では、すべての動植物には「フラワシ」と呼ばれる守護霊がいると考えられており、天使たちも独自のフラワシを持っている。しかし、スプンタ・マンユは唯一「フラワシ」を持たない天使なのである。

つまり「フラワシを持たない＝独立した存在ではない」ということになり、スプンタ・マンユが独立した天使であるという考え方は否定されてしまうのだ。

7人の大天使「聖なる不死者（アムシャ・スプンタ）」は、キリスト教の「御前の七天使」の元ネタになった、という説があるんですよ。
「聖なる不死者」のが名前は格好いいかも……あ、聞かなかったことに……

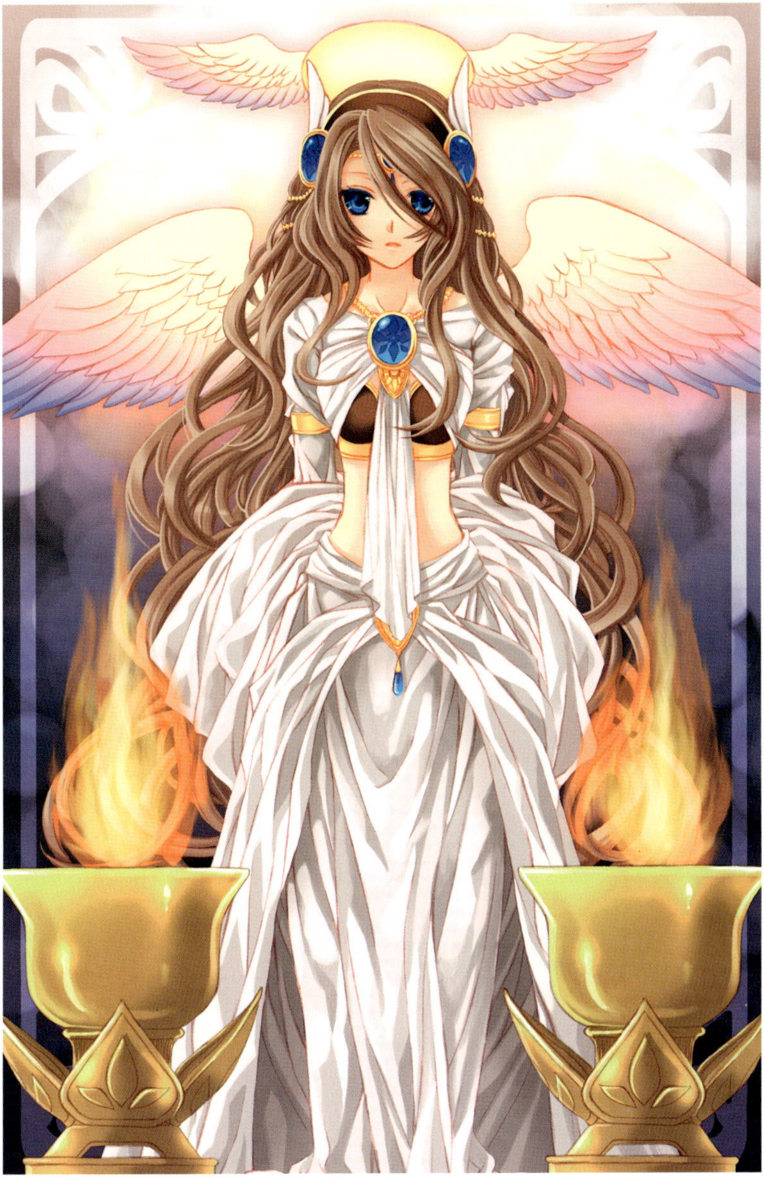

illustrated by 八城惺架

良い子のお手本教えます

ウォフ・マナフ

善行を広め、チェックする大天使

ウォフ・マナフは、ゾロアスター教の天使たちのリーダー的存在である大天使集団「聖なる不死者《アムシャ・スプンタ》」のひとりだ。ウォフ・マナフの名前は「善意」を意味し、人間に善行を教える天使である。

ウォフ・マナフは善行や善い知識を広めることによって、信者たちを天国へと導く。ゾロアスター教では、死者の魂は天使によって天秤にかけられるのだが、このとき生前おこなった悪行よりも善行のほうが多ければ、魂は天国へ行けるのだ。

人間を天国へ導くだけでなく、人間の行いを記録し、その人間が天国にいけるか見定めるのもウォフ・マナフの役目である。彼は1日に3回、人間の考えや行動を記録し、死者の魂が天国にいけるかどうかを判断する。

ウォフ・マナフは、家畜を守護する天使ともされる。そのため、家畜を大切に扱う信者を見ると、ウォフ・マナフは非常に喜ぶ。

ウォフ・マナフは地上に降りるとき、人間の9倍もの身長をしていて、きらめく鎧をまとい、青いマントをなびかせた騎兵の姿をしている。

ゾロアスターを導くウォフ・マナフ

ウォフ・マナフは、ゾロアスター教の開祖である「ゾロアスター」の前にあらわれた天使のなかで、彼ともっとも直接的に関わった天使である。

まず、ウォフ・マナフは、ゾロアスターの両親の前にあらわれ、身ごもった子供が神の加護を受けた子供であることを告げた。ゾロアスターが誕生すると、、悪魔たちは彼に牛をけしかけて殺そうとするが、動物の守護天使であるウォフ・マナフの力で、牛はゾロアスターを攻撃することもなく素通りした。

その後30歳になったゾロアスターの前に、ウォフ・マナフは直接あらわれている。ゾロアスターが、のちにゾロアスター教で重要視される思想「正義」と「天則」を探していると知ったウォフ・マナフは、彼を最高神アフラ・マズダの元に連れて行った。アフラ・マズダと会ったゾロアスターは正義と天則を得て、ゾロアスター教の布教を始めることになる。その後もウォフ・マナフは、布教活動を続けるゾロアスターの前にあらわれ、何度も彼の活動を手助けしている。

ゾロアスター教では、天使vs悪魔は、常に同じ敵との一対一ガチンコなんだ。ウォフ・マナフのライバルは「悪しき心」をつかさどるアカ・マナフ様。アカ・マナフさまは、ゾロアスター教の中でも強力な悪魔のひとりなんだぜ。

illustrated by ふみひろ

2人に護られれば、超・幸福☆

アナーヒター&アシ

幸せと子供を授ける天使たち

ゾロアスターの天使は3階級に分かれる。最上位は七大天使「聖なる不死者」、二番目が「ヤザタ」、三番目が守護天使である「フラワシ」だ。ここで紹介するアナーヒターとアシは、どちらも「ヤザタ」に属する女性天使だ。

アナーヒターは、水をつかさどる天使だ。世界が創られたとき、世界中を水で満たしたのは彼女である。海や川など、ありとあらゆる水は、アナーヒターが持っている水がめから流れ出たものなのだ。もともとアナーヒターは、古代からペルシアで信仰されていた水と幸運の女神だった。

アシは、最高神アフラ・マズダの娘であり、黄金の美女として描かれる。彼女は幸福をつかさどる天使なので、ペルシアの戦士たちは武運を願ってアシに祈りをささげる。また、アシには女性の守護者という役目もある。

最高神《アフラ・マズダ》も実は「ヤザタ」?

「ヤザタ」とは「信仰するに足りる存在」という意味の単語だ。ゾロアスター教ができる前の古代ペルシアでは、「ヤザタ」とは神々すべての総称だった。つまり、この時点ではアフラ・マズダも「ヤザタ」と呼ばれていたのである。

ゾロアスター教ができると、それまで神として信仰されてきた「ヤザタ」たちは、中級天使としてゾロアスター教の教義に組み込まれた。それにともなって、ヤザタという単語も「ゾロアスター教の中級天使」という意味に変わったのだ。アナーヒターなどは、もともと神だったものが天使に変わった典型的な例といえる。
(100ページから112ページまでの天使は、すべて「ヤザタ」に属する天使だ)

時代が進んで中世に入ると、最高神アフラ・マズダや、ヤザタよりも偉い「聖なる不死者」よりも、むしろヤザタのほうを深く信仰する人々が増えていった。なぜなら、アフラ・マズダや「聖なる不死者」たちが、ゾロアスター教の戒律など、あくまで宗教的な善を体現する存在であるのに対し、ヤザタたちは「幸福」「水の恵み」「安産」「豊作」「子孫繁栄」といった、生活の向上に直結した身近なものをつかさどっていたからだ。

人々は堅苦しい宗教概念より、実利を与えてくれる身近な天使を選んだのだ。

アナーヒターさんとアシさんは天使ではなく、女神としても信仰されていたんですよ。女神としての2人は弊社から発行されている《萌え萌え女神事典》で詳しく解説されているので、ぜひこちらも見てくださいね。

illustrated by とんぷう

戦う司祭天使!!

スラオシャ

神の声を伝える天使《ヤザタ》

スラオシャは、「従順」「規律」をつかさどる天使《ヤザタ》で、ゾロアスター教のなかでも人気のある天使《ヤザタ》のひとりだ。

スラオシャの役目は、最高神アフラ・マズダから伝えられたゾロアスター教の教義を人間に教えることだ。それに加えて、信者たちの祈りを天界に運ぶ役割も持っている。つまりスラオシャは、神と人間の仲介役なのである。ゾロアスター教の信者の祈りはすべてスラオシャが運ぶため、信者の行う儀式には、かならずスラオシャがあらわれるとされた。

無敵の戦士へ華麗な転身

ゾロアスター教の教義は時代によって異なる。最初はあくまで神と人間の仲介役だったスラオシャは、中期以降になると従来の役割に加えて、悪魔と戦う戦士という性質を強めていく。戦士となったスラオシャは、甲冑《かっちゅう》に身を包み、斧や棍棒を手にした姿で描かれている。

スラオシャは、ゾロアスター教の最高神であるアフラ・マズダの正面に座ることを許された唯一の天使である。スラオシャは神の声を信者たちに届けたり、逆に信者の祈りを神に届ける役目を持っているので、報告のためにアフラ・マズダの正面に座ることが許されたのだ。

ゾロアスター教では人間や家畜の死といった深刻なものから、人間同士のちょっとした争いまで、人間の害になるものはすべて悪魔のしわざだと考えられていた。彼ら悪魔は、夜になると地上に現れ、あらゆる災厄を撒き散らすという。夜行性である悪魔たちを倒すため、スラオシャは夜、馬車に乗って地上に降り立つ。この馬車は黄金の足を持つ白馬4頭に引かれているという。

スラオシャと悪魔の戦いは激しいものとなるが、最終的にはかならずスラオシャが勝利し、世界を守ることになっている。ゾロアスター教では、善と悪は戦いを続けるが、最終的にはかならず善が勝利すると決まっているのである。

さて、もともとは神と信者の仲介役であり、聖職者の役割を持っていたスラオシャが、屈強な戦士なったのには理由がある。ゾロアスター教では、教えに従順で熱

一部の学者は『アヴェスタ』の記述から、スラオシャさまは「聖なる不死者」のひとりではないか？　と考えてるです。人気も実力もトップクラスなスラオシャ様なら「聖なる不死者」でも不思議じゃないのですよ。

心な信者であるほど、積極的に悪と戦うべきだと考えられた。この考えにもとづけば、「従順」を象徴する天使《ヤザタ》であるスラオシャは、だれよりも積極的に悪との戦いに参加しなくてはいけない。そのため悪と戦うスラオシャというイメージがしだいに定着していき、現在のような「戦士スラオシャ」というイメージができあがったというわけだ。

永遠のライバル登場！

ゾロアスター教では天使ひとりにつきひとりだけの悪魔が敵対者として存在しているのが普通である。そんななかでスラオシャは、さまざまな悪魔と戦う珍しい天使だが、それでもやはり最大の敵対者が存在する。

スラオシャのライバルは悪魔「アエーシュマ」だ。彼はゾロアスター教の七大悪魔に次ぐ存在であり、悪神アンリ・マンユ直属の悪魔軍団長として中級、下級の悪魔を統括する強大な悪魔である。その性格は残忍にして狡猾であり、まさに悪の権化と呼ぶにふさわしい。

アエーシュマは毎晩地上にあらわれて、世界に怒りや暴力をふりまく。もしもふりまかれた悪徳を放置すると、最悪の場合は国家同士の戦争にまで広がってしまう。スラオシャは悪が広がるのを止めるために、毎晩のようにアエーシュマと激しい戦いを繰り広げるのだ。

死後のアフターケアもおまかせあれ

戦士としての性格を手に入れたのとほぼ同じころ、スラオシャはそのほかにも新しい役割を与えられている。その役目とは、死んだ人間の魂を守ることと、その魂が天国へいけるか、地獄に落ちるかを裁くことだ。

ゾロアスター教では、人間は死ぬと魂になり、3日のあいだ自分の遺体の周りにとどまるという。このあいだ魂は非常に無防備な状態で、魂を地獄に引きずり込むために、ここぞとばかりに悪魔が襲ってくるのだ。スラオシャは、襲ってくる悪魔から魂を護衛するのである。

人間が死んでから4日目になると、スラオシャは死者の魂を「チンワト橋」と呼ばれる橋まで導く。そこで魂は、スラオシャと、裁きの天使ミスラ、公平の天使ラシュヌの3体の天使から、天国と地獄のどちらへ行くかの裁判を受けるのだ。裁判のとき、スラオシャはムチを持った姿で描かれることもある。これは、罪人の尻を鞭打ちする刑を執行するためのものだ。

ゾロアスター教の信者たちは、スラオシャに死者の魂を守ってもらうために、葬式が始まる前、その人が生きているあいだからスラオシャを祭って準備をする。信者の死亡が確認されると、遺族たちはスラオシャを讃える詩を唱える。そうやって、死者が天国へ行けるようにスラオシャに祈りを捧げるのである。この詩は葬式が行われているあいだ、何度も唱えられる。

illustrated by KEN+

世界初の擬人化天使？

ハオマ

重要ゆえに天使となったお酒

世界の神話では、人間にとって身近な概念、季節、天候、自然などがよく神格化される。ハオマは、そのなかでも珍しい「酒」そのものを神格化した天使だ。

ハオマが象徴するのは、「活力」と「生命力」だ。人間を健康にし、生きる活力を与え、子孫を授けるのがハオマの役目である。彼は緑色、または金色の目を持ち、その体は金色に輝いているという。ハオマのすみかは高い山の上だ。

ハオマの誕生はゾロアスター教の誕生以前までさかのぼる。このころのペルシャにはその名もずばり「ハオマ」というお酒があり、宗教儀式の際に飲まれていた。このハオマ酒には、人間に活力を与え、不死にする効能があったといわれる。そしてハオマは徐々に神格化され、人間に活力を与える神となった。

のちにゾロアスター教が誕生すると、神であったハオマは天使としてゾロアスター教に取り込まれる。だがゾロアスター教では、酒に酔っている状態は「悪魔に取り憑かれた状態である」と考えられていたため、ゾロアスター教初期の教義ではハオマ酒はあまり推奨される飲み物ではなかった。

ゾロアスター教の後期になると、ハオマ酒は「飲んでも酔わない唯一の酒」という地位を手に入れ、儀式の際などにかならず飲まれるようになる。それにともない天使ハオマの地位も向上した。彼は最高神アフラ・マズダから、信者の証である「クスティー」という帯を最初に与えられる栄誉にあずかっている。

結局「ハオマ」ってなんなの？

ハオマ酒は実在の酒だが、その正式な製法は失われており、現在では代用品が使われている。本来のハオマ酒は、ハオマ草という植物から作ったものらしい。だが、そのハオマ草の正体がわかっておらず、現在でも議論が続いているのだ。

ハオマ草はしなやかで、肉質な、香りのある緑の植物だと伝えられている。またハオマ酒を飲んだものは興奮状態になったり、幻覚を見ると伝えられており、このことからハオマ草は毒キノコや大麻などの麻薬だったという意見がある。なかには、薬物を摂取した人間の尿こそがハオマである、という説まで出現している。

現在では、イランの山地に生息するシダ植物がハオマ草の有力な候補だ。

一説では、ゾロアスターが出会った神や天使はすべて（麻薬をすり潰した）ハオマのせいで見た幻覚症状だったらしいぜ。イケナイ薬で天使とご対面……って、ゾロアスターはもしかして危ない人？　ホントだったら大変だよ。

illustrated by あさば

雨も日照りもお祈りしだい

ティシュトリヤ

大地を潤す天使《ヤザタ》

ティシュトリヤは、地上に雨を降らせる天使である。乾燥地帯のペルシア（現在のイラン）では、めったに雨が降らないため、草木を育てる雨はとくに重要なものだった。その雨を降らせるティシュトリヤは、位の高い天使《ヤザタ》なのだ。

地上に雨を降らせる時期になると、ティシュトリヤは1ヶ月間でつぎつぎと姿を変える。まず最初の10日は、ティシュトリヤは15才の男性として過ごす。次は牡牛に変身して10日間を過ごし、最後は白馬に変身する。白馬となったティシュトリヤは、地上に降りていき、雨を降らせて草木を育てるのである。

しかし、ティシュトリヤはかならず雨を降らせることができるわけではない。人間にとって歓迎すべき雨季の到来を邪魔する悪魔が存在するのだ。それは旱魃《かんばつ》をおこす悪魔「アパオシャ」だ。アパオシャは日照りや耐えられない暑さで草木を枯らし、動植物を苦しめる。

ゾロアスター教には「善の天使たちはかならず悪魔に勝つ」という考えがあるが、ティシュトリヤは非常に珍しい、悪魔に負ける可能性がある天使だ。彼が悪魔アパオシャに勝てるかどうかは、信仰の力にかかっている。信者たちの信仰心が薄ければ、ティシュトリヤは悪魔に負け、雨も降らないというわけだ。

今なら【あの星《シリウス》】が見えるだろう

ティシュトリヤは、夜空に輝く恒星「シリウス」の化身だ。シリウスは、太陽以外でもっとも強く輝いて見える恒星であり、日本では「冬の第三角形」を構成している星のひとつとして、また「おおいぬ座のシリウス」として知られている。

ティシュトリヤが信仰されたペルシャ地方は乾燥地帯だ。一年のほとんどは雨の降らない乾期であり、年に一度だけ雨が降り注ぐ雨季がやってくる。そのため雨季がいつ来るかを知ることは、農業をするうえで非常に重要である。

農民たちは、シリウスが日の出より速く見えることが、雨季が来る前触れだと知っていた。そのためシリウスは、雨をもたらし、人々に収穫を保障する神として神格化されたのだ。のちにティシュトリヤがゾロアスター教に組み込まれると、ティシュトリヤの雨季を知らせる役割が強調され、雨の天使と見られるようになった。

シリウス星は、古代エジプトでも重要な星だったのですよ。彼らは日の出の時間にシリウス星が東の空に見える時期に、ナイル川が氾濫するということを知っていたので、シリウスを天候予測に使っていました。

illustrated by 大孛輝*はな

神サマよりすごいかも

ミスラ

天使《ヤザタ》たちのトップ、ミスラ

ミスラはゾロアスター教で信仰されている天使だ。天使《ヤザタ》のなかでもとくに位の高い存在で、すべての天使《ヤザタ》たちのトップと見られることも多い。非常に人気のある天使で、最高神の「アフラ・マズダ」ではなく、いち天使にすぎないミスラを信仰する人々もいたほどだったという。

ミスラは太陽の天使だ。ミスラは朝になると、太陽よりも早くハラー山の頂上に現れ、地上に住む人間たちを見守るのだ。また、見守るだけでなく、人間が悪行を行っていないか監視する役目もある。ミスラは巨大な天使で千の耳と一万の目を持ち、地上で起こったことはすべてお見通しなのだという。

ミスラはこれ以外にも牧畜、司法、契約、戦いをつかさどる天使である。そのなかでもとくにミスラの重要な役割なのは、司法と契約の2つだろう。

司法の天使としてのミスラは、ほかの2人の天使とともに死者の魂を裁く「裁判官」だ。手にもった天秤に、死者が生前行った善行と悪行とをかけ、死者は善行が多ければ天国へ行き、悪行が多ければ地獄へ落ちる。

契約の天使としてのミスラの役目は、すべての国と地域に支配する権利を与えることだ。ただし、人間が契約を破ったり、ウソをついたら、ミスラは容赦なくその国を滅ぼし、破壊する。ゾロアスター教では、人を欺いたりウソをつくことは「ドゥルジ」と呼ばれ、1、2を争うほどに重い罪だからである。

人気の高さは昔から

ミスラはもともと天使ではなく、ゾロアスター教が成立する以前からペルシア（現在のイラン）のいたるところで信仰されていた土着の神だった。このころからとても人気のあったミスラは、紀元前6世紀ごろに栄えていたペルシア王朝「アケメネス朝ペルシア」で、国の守り神として信仰されていた。この国では、一緒にアフラ・マズダとアナーヒターも信仰されていたことから、3柱はもともと同格の神だったことがわかる。

ミスラが当時どのような神として崇められていたかには、さまざまな説がある。真実と秩序の神、あらゆるものの創造者であり父、人類を救済する神、太陽神など、

illustrated by 柏餅よもぎ

この頃から天使としてのミスラの性格があらわれている。
ゾロアスター教に吸収されたとき、開祖ゾロアスターはミスラをアフラ・マズダにつかえる天使としたが、昔から深く信仰されていたミスラの影響力は、天使となったあとも消えなかった。ミスラに対する信仰は根強く残り続けたのである。
これを証明するようにゾロアスター教の経典『アヴェスタ』には、ミスラへの賛美歌があり、アフラ・マズダと同等の「神」として崇められている。

ミトラス教とは？

ミスラ信仰はゾロアスター教の中に取り込まれたが、一方で独立した宗教としても生き残った。「ミトラス教」と呼ばれるその宗教は、西はイングランドや北アフリカから、東はインドにまでかなり広く伝わっていて、各地からミトラスを崇めるための神殿や遺跡が見つかっている。
当時のミトラス教は宗教としての力がとても強く、研究者たちの中には「もしもヨーロッパがキリスト教化しなければ、ミトラス教がスタンダードになっていただろう」という意見もあるほどだ。実際、紀元1世紀頃にローマ帝国に持ち込まれたミトラス教は、当時ローマ帝国と敵対していたペルシアの宗教であったにも拘わらず、大いに歓迎され、国中で信仰されていたと言われている。
しかしそんなミトラス教も、ローマ帝国がキリスト教を国教としたことがきっかけで勢力の縮小をまねき、結局は滅んでしまった。

ミスラとユダヤ、キリスト教

このように人気、影響力共に兼ね備えていただけあって……ミスラは、なんと敵対していたはずの宗教にまで影響を与えている。
まず、ユダヤ教で一番偉い天使とされるメタトロン（→p028）だが、実はミスラが原型だとする説がある。双方共に契約の天使であるというばかりでなく、共に「巨大である」「炎（太陽）と関係が深い」「多くの目をもつ」と明言されているように、多くの似ている点が見られるのだ。
もちろん、ミスラが主神であるアフラ・マズダと同等に扱われたり、神の次に偉いと考えられていたことと、メタトロンも神の次に偉い天使とされ、神と同等に扱われることがあるのは、興味深い共通点といえるだろう。
このように2人の役割や姿が似ているため、あとから成立したユダヤ教が、ミスラの存在を流用したのではないか、という説もあるのである。
また、ミスラはキリスト教にも影響を与えている。クリスマスは「イエス・キリスト」の誕生日だとされているが、実はこれは間違いだ。12月25日は、そもそもミトラス（ミスラが元になった神）の誕生日なのである。ミトラス教では、12月25日になるとミトラスの誕生を祝い、盛大な祭りを行った。キリスト教徒たちが、その祭りを「イエスの誕生日として」自分たちの宗教に取り込んだのである。

ミトラスさんの誕生日が12月25日なのは、この時期が冬至だったからです。冬至というのは太陽の見える時間がいちばん短い日ですから、ここからは毎日日照時間が延びる一方。これをミトラスさんの誕生と結びつけたのですね。

近代の天使

Angel of modern ages

　キリスト教の天使体系は13世紀に確立されました。ですが、その後に創作の世界や新興宗派から新しく生まれたり、それまでマイナーだった天使が注目を集めた例は多数あります。ここではそんな、比較的新しい天使たちについて紹介しましょう。

戦闘中にお邪魔しまっす！

モンスの天使

20世紀にあらわれた天使の兵団

　これまでは、聖書やコーランに登場する天使や、古代から信仰されてきた天使たちを紹介してきた。ここからは少し変わって、中世以降の創作物で有名になった天使や、近世になって目撃された天使たちを紹介していく。

　第1次世界大戦まっただなかの1914年。8月26日から27日にかけて、ベルギーのモンスという街で行われたイギリス、フランスの連合軍とドイツ軍の戦闘中のこと。連合軍は、人数、装備で圧倒的に上回るドイツ軍に包囲されていた。

　連合軍の敗色が濃厚だったそのとき、光と雲のなかから、甲冑《かっちゅう》を身につけ馬にまたがった何百、何千という兵士が両軍のあいだに割ってはいってきてたのだ。兵士たちはドイツ軍に向かって弓矢を放ち、連合軍を援護した。

　この謎の兵団は、連合軍と敵対していたドイツ軍にもはっきり見えていた。なかには、突然あらわれた兵士に矢を放たれ、命を落とした者もいたという。あまりに突然の事態に恐怖を覚えたドイツ軍は退却する。この謎の兵団のおかげで、連合軍は危機を免れたのである。

　モンスのほかの戦場でも、似たような報告がある。ドイツ軍に押され、撤退を余儀なくされたイギリス軍がいた。すると突然、雲のなかから中世の兵士のような姿をした部隊があらわれて、イギリス軍を援護したというのだ。人々はこの兵団を「モンスの天使」と呼んだ。

次々と報告される目撃例

　モンスの天使の話はまたたく間に広がり、一般大衆の広い関心を集めることになった。いくつもの目撃例が、新聞や雑誌に載ったのだ。

　これらの記事にはいくつかの傾向がある。ひとつは、モンスの兵士のなかに有名な人物や天使がいた、というものだ。ある報告によると、モンスの兵士を指揮していたのは、イングランドの守護聖人である聖ジョージであったという。そのほかにも、フランスの守護聖人ジャンヌ・ダルクを見たという兵士や、怪我を負った兵士を手当てする聖母マリアを見た兵士もいた。さらに、甲冑《かっちゅう》を着て白馬にまたがった

天使が戦場にあらわれた話は聖書にもあります。ユダヤの軍がアッシリアの軍に包囲されたとき、炎に包まれた天使の騎兵があらわれてユダヤの軍を手助けしたんです。なんだか、モンスの天使のお話にそっくりですね。

大天使ミカエルを見た、という報告まであった。
　もうひとつの傾向は、不思議な雲が空に浮かび、光とともに天使があらわれた、というものだ。ある雑誌には「連合軍とドイツ軍のあいだに、もうもうとした雲が出現し、そのなかから天使たちがあらわれた」と証言する兵士のインタビューが載った。この証言と似たようなものとしては「上空を漂う3つの光り輝く影を見た」というものや「空から光り輝く天使たちが降りてきて、ドイツ軍の陣地の上空を飛んでいた」という報告もある。

すべては捏造！　否定派の意見

　モンスの天使の存在を否定する意見もある。事実、目撃報告のなかには、明らかなウソとわかったものがもいくつもあった。
　否定派の意見のなかで、興味深いものは下に挙げる2つである。

・モンスの天使は小説からでた空想物語である

　これは「モンスの天使が出現した話は、小説のストーリーから広まったまったくのでっちあげである」という説だ。戦場に甲冑《かっちゅう》を着た天使があらわれたという話は、アーサー・マッケンという作家の書いた小説『弓手たち』のあらすじと、非常によく似ていたのである。
『弓手たち』のストーリーはこうだ。モンスでドイツ軍の攻撃を受け、絶望したイギリス軍の兵士が、守護聖人聖ジョージに助けを求める。すると、はるか昔に死んだ弓手たちがあらわれ、ドイツ軍を攻撃し始める、というものである。マッケンはこの話の出所は自分の小説であり、モンスの天使は空想のものであると主張した。
　ただ、この説を疑問視する声もあった。この小説が新聞に掲載されたのは1914年9月のこと。それに対してモンスの天使が目撃情報は、1914年の8月には新聞に載っていた。つまり、モンスの天使の話が広まったのは、マッケンの小説が発表されるよりも3週間以上早いのである。

・雲に映った巨大な映像だった

　1930年2月17日、ロンドンの新聞にモンスの天使に関する記事が載る。その記事は、モンスで連合軍と戦ったドイツ軍士官の証言だった。
　その証言によれば、モンスの天使の正体は「雲に映し出された巨大な映像」なのだという。これは、空に映像を映すことで敵兵士に集団ヒステリーを起こさせ、恐怖心をあおるという、ドイツ軍の作戦だったのだ。
　しかし、この作戦は裏目に出てしまう。雲に映し出された映像を見た連合軍は、神の加護を得られた思い、恐怖を感じるどころか逆にやる気をだしてしまったのだ。
　しかし、この説はウソである可能性が高い。ドイツ軍上層部のひとりが、この記事に書かれたドイツ軍士官の名前は聞いたことがない、この話はでっちあげだ、と記事を一刀両断したのだ。

illustrated by とんぷう

神のためなら上司も斬る!

アブディエル

鉄の忠誠心をもつ天使

天使のなかには、誘惑にかられて堕天してしまったり、神の命令にそむいて叱られたりする者が少なくない。ここで紹介するアブディエルは、そんな心の弱さとはまったく無縁で、天使のなかでも特に強い忠誠を神に捧げている天使だ。

アブディエルには「アルカデ」「アルカード」という別名もあるが、本来の名前はヘブライ語で「神の下僕《げぼく》」を意味する。名は体をあらわすとはこのことだ。

マイナーだったアブディエルという天使を有名にしたのが、17世紀の詩人「ジョン・ミルトン」が書いた『失楽園』だ。この作品で、アブディエルはその名前の由来にもなった忠誠心を存分に発揮している。

『失楽園』第5巻で、神に反逆することを決意したルシファーは、部下の天使たちを仲間に誘う。だが神への不動の忠誠心を持つアブディエルだけは従わなかった。それどころかアブディエルは「自分たち天使を創造した存在に反抗するというのは、操り人形が人形師に反抗するようなもので、正気の沙汰ではない」と宣言し、天使のなかで最強の存在であるルシファーを、逆に説得しようとしたのである。

アブディエルは、忠誠心が厚いだけでなく、勇敢な戦士でもある。けっきょく神に反逆したルシファーたちが、天使たちが激しい戦いを繰り広げたとき、アブディエルはかつての上司であり、最強の悪魔であるルシファーに、強力な一撃を見舞っている。あまりの攻撃に、ルシファーは10歩後ずさってひざをついている。

余談だが、アブディエルの名前には「神の下僕」という由来のほかに、もうひとつの説がある。旧約聖書のひとつで、ユダヤの歴史書である『歴代誌』に「アブディエル」という人名があり、これがその名前の元になったというのである。

天使と悪魔の戦記『失楽園』

アブディエルが登場する『失楽園』は、17世紀のイギリス詩人ジョン・ミルトンが、『創世記』の第3章をもとに書いた、天使と悪魔の物語だ。この作品はダンテの『神曲』(→P124)とともに、キリスト教文学の代表作といわれている。『失楽園』の世界観は当時のカトリック教会からも高い評価を受け、のちのキリスト教の教義に影響を与えるほどだった。

悪魔を召喚する方法が書いてある「魔導書」にも、アブディエルさまの名前が載ってるんですよ。魔導書っていうと悪魔の名前ばっかのバッチイ本ってイメージがあるですけど、こんなとこにも名前があるなんて不思議ですねえ。

illustrated by ヱシカ／ショーゴ

どんな事件も瞬時に解決！

アサリア

天界きっての名裁判官

アサリアは、おもにユダヤ教で信仰されている天使だ。その名前には「神の治療」「神の行為」という意味がある。

アサリアという天使の特徴には、学者によってさまざまな主張がある。そのなかでもっとも有名なのは「裁判をつかさどる天使」というものだろう。アサリアに祈りをささげると、あらゆる事件の真相と正しい判決を教えてくれるというのだ。

このほかにも「カバラ」というユダヤ教の神秘思想（→P186）では、アサリアは正義をつかさどる天使であり、大天使ラファエルの部下であるという。また、力天使《ヴァーチューズ》の階級にいる天使ともされている。

民間の魔術には、アサリアを呼び出す明確な方法が伝わっている。それによれば、15時20分から15時40分のあいだに、旧約聖書におさめられた詩集『詩編』の第104章25節を唱えながら祈れば、アサリアを召喚できるのだという。

72の力ある名前

上でもすこし触れたユダヤ教の思想「カバラ」では、アサリアは「シェマンフォラス」という、72体の天使で構成された天使集団に所属している。

シェマンフォラスの天使たちは、ある特徴をもっている。その名前は、旧約聖書に収められたユダヤ人の歴史書『出エジプト記』の記述からきているのだ。『出エジプト記』の一部をある法則にしたがって並べ替えると、シェマンフォラスの天使の名前ができあがるという。近年、聖書の記述を一定の法則で抜き出すことで、聖書から予言を読みとるという試み「聖書の暗号」が流行したが、シェマンフォラスの名前は、その先駆け的存在と言えるのかもしれない。

シェマンフォラスに所属する天使の名前には、秘められた力があると考えられた。そこで信者やオカルティストたちは、神へ願いを送るときや、魔術的な儀式を行った最後に、シェマンフォラスの名前を唱えたという。

じつは、シェマンフォラスの72天使は、研究する学者によって異なる。アサリアは、14世紀の哲学者「アグリッパ」や、18世紀のオカルティスト「バレット」の文書に登場した。別の学者の説だと、アサリアは登場しない場合もある。

シェマンフォラスの名前は、古い本の内容を新しい紙に写す「写本」という形で伝わってきました。ところが書き写すときに間違いが頻発しまして……そのせいでいろんな新作天使さんが生まれてしまったようですね。

illustrated by 々仝

ここ掘れここ掘れ黄金板♪

モロナイ

モルモン教を作らせた天使

現在、キリスト教系の新興宗派は世界中に星の数ほど存在する。その規模は村レベルの小さなものから、数百万人の信者をかかえる宗派までさまざまだ。これから紹介する天使「モロナイ」は、そんなキリスト教系新興宗派のなかでも最大級の規模を持つ「モルモン教」の誕生に深く関わった天使である。

日本がまだ江戸時代であった1823年、モロナイはアメリカ人の青年「ジョセフ・スミス・ジュニア」のもとにあらわれた。そしてジョセフに「紀元前アメリカの預言者が書いた黄金版」のありかを教え、将来それを翻訳するように告げたのだ。

黄金板はふたつの宝石「ウリムとトンミム」とともに発掘された。黄金板には古代エジプトの象形文字にも似た謎の文字が書かれていたが、ジョセフは「ウリムとトンミム」を使ってこの文字を解読することができた。そして少数の協力者とともにこの黄金板を翻訳し、一冊の本にまとめあげたのだ。この本は、本来の筆者である預言者の名前をとって『モルモン経』と名付けられた。

ジョセフの前にあらわれた天使モロナイは、この世で見たこともないような純白のローブをまとい、表情は稲妻のごとく輝いていたという。またモルモン教の教会には、細長いラッパを持ったモロナイの彫像が飾られることが多い。

アメリカ人はユダヤ人だった!?

モルモン教はキリスト教の一派を名乗ってはいるが、一般的なキリスト教の教義とはかなりかけはなれた宗教だ。そのためカトリック教会など古来からの宗派は、モルモン教は「異端」だとみなしている。

その違いは、神とイエス・キリストが別個の存在だとする「三位一体否定」、19世紀末期まで一夫多妻制を敷いていたことなど多数にわたるが、もっとも重要なのは独自の書物『モルモン経』を聖典としていることだろう。

『モルモン経』の内容は衝撃的なものだ。なんと、アメリカ原住民の祖先は、紀元前6世紀頃にアメリカ大陸に渡ったユダヤ人だというのだ。しかも彼らの子孫が善悪の二派にわかれて争っていたところに、復活したイエス・キリストがあらわれて仲裁したとも書かれているのである。

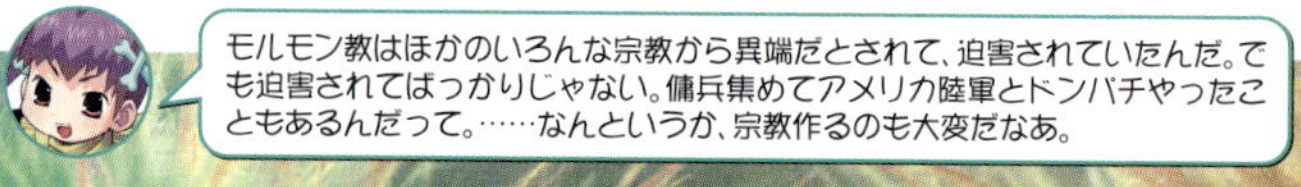
モルモン教はほかのいろんな宗教から異端だとされて、迫害されていたんだ。でも迫害されてばっかりじゃない。傭兵集めてアメリカ陸軍とドンパチやったこともあるんだって。……なんというか、宗教作るのも大変だなあ。

illustrated by さくも

麗しの君よ、永遠に……

ベアトリーチェ

ダンテを導いた天使

ベアトリーチェは、13～14世紀に生きたイタリアの詩人「ダンテ・アリギエーリ」の書いた物語『神曲』に登場する天使だ。『神曲』とは、作者であるダンテ自身が主人公となり、地獄や煉獄、天国を旅するという壮大な物語で、キリスト教文学の傑作と呼ばれている。この物語のなかでダンテは、ベアトリーチェを驚くほど美しく、優雅な天使として描いている。

物語の中で、ベアトリーチェの性格がもっともよく描かれているのは、第2巻『煉獄編』だろう。地獄と天国のあいだにある煉獄を旅していたダンテは、自堕落に過ごしていた過去を思い出し、深い後悔の念にとらわれる。このときベアトリーチェは、ダンテを母親のように何度も叱りつけ、その一方で、過去の罪を洗い流したダンテにまぶしい微笑みを見せる。その姿はまるで聖母のようだ。

倒錯の恋の果てに……

天使ベアトリーチェには、モデルとなった人物がいる。彼女の名は「ベアトリーチェ」。ダンテがまだ9歳だった頃に一目惚れをした、同い年の少女だ。

しかし、この恋はあくまでダンテの一方的なものだった。ダンテは再会した彼女への恋に心を焦がすが、その思いを彼女本人に知られることを極端に恐れた。ダンテはベアトリーチェではなく、その近くにいた別の女性に気があるふりをしてベアトリーチェを見つめ続けた。今でいえばストーカーじみたダンテの行為はすぐに悪評につながり、ダンテはなんと愛するベアトリーチェにも軽蔑されてしまう。

その後彼女は別の男性と結婚するが、24歳の若さで死去。親の薦めで見合い結婚したあとも消えることのなかったダンテの思いは、ついに彼女に届かなかった。ベアトリーチェの死を知って悲しみに暮れるダンテは、自分の作品にベアトリーチェを登場させ、その美しさを永遠に語りついでいくことに決めたのだ。

後世の研究者は「ベアトリーチェはダンテのミューズだった」と表現する。ミューズとはローマ神話の芸術の女神で、作家の創作意欲をかきたてる。神話ではミューズの象徴物は薔薇、詩人の象徴物はミツバチだ。ダンテはみずからミツバチとなり、ベアトリーチェという永遠の花園で飛び続けることを選んだのだろう。

ダンテさんは、結婚したあともベアトリーチェさんを想い続けたんですねえ。なんだか素敵な話です……あれ？「結婚したあとも」ということは……はわわ、ちょっと待ってください、それじゃダンテさんの奥さんの立場は……？

illustrated by なつき しゅり

姿は見せぬが態度はデカイ

ハラリエル

天使の訪問は突然に

ハラリエルは、20世紀に実在した霊能者「エドガー・ケイシー」の体を借りて、さまざまなお告げをした天使である。この天使の名前は、聖書をはじめとした、由緒ある神学の資料にはまったくない。またハラリエルは、姿をあらわすことはなかったため、この天使がどんな姿をしているのかは一切わかっていない。確かなのは、ケイシーの体を借りたハラリエルはつねに命令的で、暗い口調だったことだ。

ハラリエルが初めてあらわれたのは、1930年代なかばとされている。ハラリエルは、ケイシーの所属する研究グループの集会中に突然、ケイシーの体を借りて発言し、自分が天使であることをメンバーに伝えた。以降、ハラリエルは何度もケイシーの体を借りて集会に登場している。ハラリエルはあらわれるたびにメンバーにお告げをしたが、そのほとんどが破滅的なものだったという。なかには「1998年に日本が沈む」というものまであった（もちろん外れたのだが……）。

グループの意見は、破滅的な予言をするハラリエルを受け入れるか、それとも拒絶するかで真っ二つに分かれた。結局、ほとんどのメンバーは受け入れられずにグループを脱退、その後、ハラリエルも姿を消したという。

眠りにはいると天使のお告げが

天使ハラリエルが体を借りた、エドガー・ケイシーとはどんな人物なのか？

ケイシーは1877年、アメリカで生まれた霊能者だ。彼は子供のころから、天使の姿を見たり、他人には見えない存在を感じることができたという。

ケイシーには、寝ているあいだに病人の適切な治療法を見つけるという能力があった。外見ではどんな病気かまったくわからないような患者であっても、ケイシーは眠っているあいだに、かならず治療法を見つけた。ケイシーから教わった治療法を試した患者は、全員病気が治ったという。眠っているときに治療法を見つける行為を、ケイシー自身は「リーディング」と呼んだ。

ケイシーのリーディングは、治療だけにとどまらない。彼はリーディングによって、アトランティス大陸やレムリア大陸といった超古代文明の謎にせまったり、1998年にイエス・キリストが復活するといった予言まで残している。

ケイシーって人は、一攫千金を狙ったのか、調子に乗ってリーディングで油田を掘り当てようとしたことがあったらしいよ。そしたら夢のなかにミカエルがでてきて、こっぴどく怒られたんだとか……まぁ当然だね。

illustrated by ga015

「皆殺しの天使」ココ・シャネル

20世紀のフランスでは「皆殺しの天使」の異名を持つ、ある女性が大活躍していた。

彼女は戦場で敵兵を「皆殺し」にしたわけではない。彼女の戦場は最新の流行がひしめくブティックであり、その武器は卓越したデザインセンスだった。彼女の名は「ココ・シャネル」。いまや世界に知らない者の方が少ないであろうファッションブランド「シャネル」の創始者である。

・古い価値観を叩きつぶしたデザイン

シャネルは1883年、フランス南西部に産まれた。「ココ」というのは彼女が歌手をしていた頃につけられた愛称で、本名は「ガブリエル・ボンヌール・シャネル」。ヨーロッパでは天使にちなんだ名前は珍しくないが、大天使の名前をつけられた彼女がのちに天使にまつわる別名で呼ばれたのには、少々因縁めいたものを感じる。

シャネルは貴婦人用の服の窮屈さを嫌い、帽子をかぶってスーツを着るという、まるで男性のような服装を好んだ。このファッションはパリの女性たちのなかで話題になり、シャネルはデザイナーとしてデビューすることを決心する。

当時のフランスは、女性がはじめて選挙に参加できるようになるなど、男女同権の幕開けともいえる時代だった。自立心の強い女性は、シャネルのスーツを競って購入した。シャネルの感覚は時代にバッチリ合っていたのだ。

ファッション界での評価も上々だった。なかには、シャネル以前の服は女性を人形にする服だが、シャネルの服は女性の個性を引き出す服だ、などと大絶賛する評論家も出てくるほど。この大成功により、シャネル以前の服はほとんどが「時代遅れ」のレッテルを貼られてしまった。そう、シャネルはデザインひとつでそれまでの服を文字通り「皆殺し」にしてしまったのである。

こうしてファッション界に第一歩を踏み出したシャネルは、その後香水「シャネルの5番」の成功によってファッションの総合ブランドに成長。ココ・シャネル自身も巨万の富を手に入れ、経済的にも精神的にも、世界有数の「男から独立した女性」と見られるようになった。その後も彼女はデザインを続け、1971年に病死するまで第一線に立ち続けた。

現在では、ココ・シャネルの後を継いだデザイナー「カール・ラガーフェルド」がシャネルブランドのリーダーである。シャネルは創業時のポリシー「古い価値観にとらわれない女性像」をモットーに、今日も世界中の女性達をとりこにし続けている。

天使＆宗教
資料編

material of Angels & Religions

キリスト教、ユダヤ教、イスラム教。最近は喧嘩してばっかの3宗教だけど、ホントは同じ神様をあがめる兄弟宗教なのよ。ここではこの3つの宗教について知るために最低限必要な知識を紹介するわね。あ、もちろん天使についても説明するよ！

天使とはなにか

童話や絵本、漫画や小説、果てはお菓子のイメージキャラクターまで……現在、天使という存在はとても身近なものになっています。ですが、こういった俗世間に登場する天使の数々は、本来の天使のあり方とは大きく違うものです。では、本来天使とはどんな存在なのか？　ここでは天使の誕生からその特徴まで、天使の実体にせまります。

天使の定義

天使とは、キリスト教、ユダヤ教、イスラム教の唯一神ヤハウェと、人間のあいだをつなぐ役割を持った霊的な存在です。

天使の発祥であるイスラエルでは、ヘブライ語の「マラーク」という単語が天使を意味していました。これがギリシャに入り、「伝令」という意味を持つギリシャ語「アンゲロス」と訳されました。この「アンゲロス」が英語に訳され、「エンジェル」になったのです。

天使のなりたち

天使という概念を作ったのは『旧約聖書』を書いたユダヤ人です。ですが『旧約聖書』ができる前から、ユダヤ人が住むイスラエルのまわりには、天使とよく似たな「神の使い」が知られていました。ユダヤ人はこういった周辺神話の影響を受けながら、天使を作り出したのです。

ユダヤ教の天使のもとになったのは、ペルシアで盛んだった「ゾロアスター教」や、エジプト、バビロニアの神話です。また、時代が進んでキリスト教の時代になると、天使はギリシャの神々を参考に、現在の姿に変わっていきました。

ギリシャ
ペルシア
（ゾロアスター教）
ユダヤ教
バビロニア
エジプト
ゾロアスター教の天使、バビロニアやエジプト、ギリシャの「神の使い」のイメージをごちゃまぜにして再構築したのが、ユダヤ教やキリスト教の天使像になったのです。

天使の姿の意味

われわれがよく知る天使は、人間とよく似た体に、一対の白い翼をもち、頭上に光の輪を浮かべた姿をしています。では、なぜ天使たちはこのような姿をしているのでしょうか？　そこにはきちんとした意味があったのです。

いろいろな天使の姿

天使は、翼があるほかは人間と同じような姿で描かれますが、これが本来の天使の姿だという記述はどこにもありません。

むしろ『旧約聖書』での天使は、炎の柱や天空の星など、人間とはかけはなれた姿であらわれることの方が多いです。天使が絵画の世界で人間と似た姿をしているのは、これが天使だということがわかりやすいように、画家達が工夫した結果にすぎないのです。

天使の翼

天使の翼は空を飛ぶ能力よりも、むしろ世界を自在に動き回るスピードや、「天界と地上を行き来する能力」の象徴だと考えられています。

キリスト教が誕生した1世紀のころ、絵画に描かれる天使は翼を持っていませんでした。天使が翼を持つようになったのは4世紀ごろからで、これはギリシャ神話の勝利の女神「ニケー」や、愛の神「エロス」の翼持つ姿を参考にしたと思われています。

光の輪

天使の頭の上にのっている光の輪。じつはこれ、天使の専売特許ではありません。

キリスト教では、イエス・キリストに代表される徳の高い人物や、天使などの神聖な存在を描くとき、頭の後ろに光の放射を描くことで、その人物の神聖性を表現しました。

これが変化して、現在私たちが知っているような光の輪になったのです。るため、教会が堕天使と認定したウリエルなどがいます。

天使の名前の法則

天使の名前って、たいてい「エル」とか「アル」で終わるのですよね。たまに「ヤ」で終わる天使さんもいるです。この語尾、じつは全部意味があるですよ。

「el」は、ユダヤ人さん達が使っていたヘブライ語で、「神様の」をという意味の単語なのです。みなさんが神様のしもべであることをあらわしているです。

「yah」は「主」という意味で、これも「el」とまったく同じ意味になるですね〜。

天使の博物学

前のページでは現実的な目線から、天使とはなにかを説明しました。このページでは、聖書や神学という空想の世界のなかで、天使たちがどのような生き物として設定されているのかを解説していきましょう。

天使はいつ産まれたの？

旧約聖書に収録された天地創造物語『創世記』には、天使がいつ作られたのか明記されていません。ですが伝統的な神学では、天使はこの世の始めに、神が7日かけて世界を作ったときに、世界と同時に産まれたという説がもっとも有力です。

一説によれば天使の年齢は、現在150億歳だとか……

天使の体って何でできてるの？

天使は霊的な存在です。つまり彼らは実体を持たず、もちろん肉体も持っていません。

ただしそのかわりに、天使には肉体を自由に変化させる能力がそなわっています。彼らは炎や稲妻、閃光となって人間の前にあらわれるほか、言われなければ誰も気付かないくらい精巧に、人間そっくりの姿をとって人間界にまぎれ込んでいることもあります。

天使の男女比ってどうなってるの？

そもそも天使には男女の区別がない、ということになっています。

中世以降の神学で決められたところによれば、天使は両性具有的な存在であり、性別という概念は超越した存在だといいます。

そのためキリスト教の宗教画では、天使たちは中性的な外見で描かれています。

天使って何語をしゃべるの？

天使が何語を話すかはさまざまな説があります。ユダヤ人の学者ははヘブライ語、ローマ人学者ははラテン語というように、学者たちは自分の住む地域の言語こそが天使の公用語だと主張する傾向がありました。

天使学を確立させた13世紀の神学者「トマス・アクィナス」はこれを改め、天使の会話はテレパシーによって行われるので、言葉は必要ないのだと主張しました。

天使って何を食べてるの？

天使は実体を持たないので、食事をすることはできません。旧約聖書には天使が人間の姿で食事をする様子が書かれていますが、これは人間であることがばれないように、幻覚を使って食事をしているように見せかけているだけなのです。

天使が食べるのは「天使のパン」という神秘的な食べ物だけです。(←p023)

天使解剖図鑑

天使の光輪
すべての天使の頭には、光の輪がついているぞ。天使が神に近い神聖な存在だということをあらわしているんだ!
天使の翼
天使は精神的な存在で実体を持たないから、翼が無くても飛べるらしいぞ。翼は天使であることをあらわすシンボルなんだ。
天使の言葉
天使が何語を話すかは、地域によってまちまちで正解はわからないんだ。でも、天使同士はテレパシーで会話できるから、言語はいらないらしいよ!
天使の体
天使は精神的な存在だから、体重はゼロ! 一部の例外をのぞいて、食事をすることもないんだ。

偉い天使とそうでもない天使の関係ってどうなってるの?

すべての天使は、9つの階級に分かれていることになっています。これはキリスト教ができた約400年後、5世紀ごろの神学者「偽ディオニシウス」が定めたもので、天使の位階「ヒエラルキア」と呼ばれています。

天使の階級には上級、中級、下級の3つがあり、それぞれがさらに3つに分かれています。つまり天使の階級は9種類あることになります。上級の天使ほど人間から遠く、神に近い存在です。

キリスト教の有名な天使は、偉大な天使であるにもかかわらず、ほとんどが下から二番目の階級「大天使」です。これにはいくつかの理由があります。

まずひとつは、偽ディオニシウスがヒエラルキアを作るより前から「大天使」という階級は存在していたため、設定が狂ってしまったという説です。つじつまを合わせるために、ミカエルやガブリエルなどは後日「大天使であり熾天使でもある」という奇妙な立場を与えられています。

もうひとつの説は、大天使たちは人間界に干渉する重要な役目があるため、熾天使のように神に近すぎる存在だと地上で力を振るえない、というものです。地上で力を使うためには、神よりも人間に近い下位天使であるほうが都合がいいのです。

天使の位階

上位三隊	熾天使
	智天使
	座天使
中位三隊	主天使
	力天使
	能天使
下位三隊	権天使
	大天使
	天使

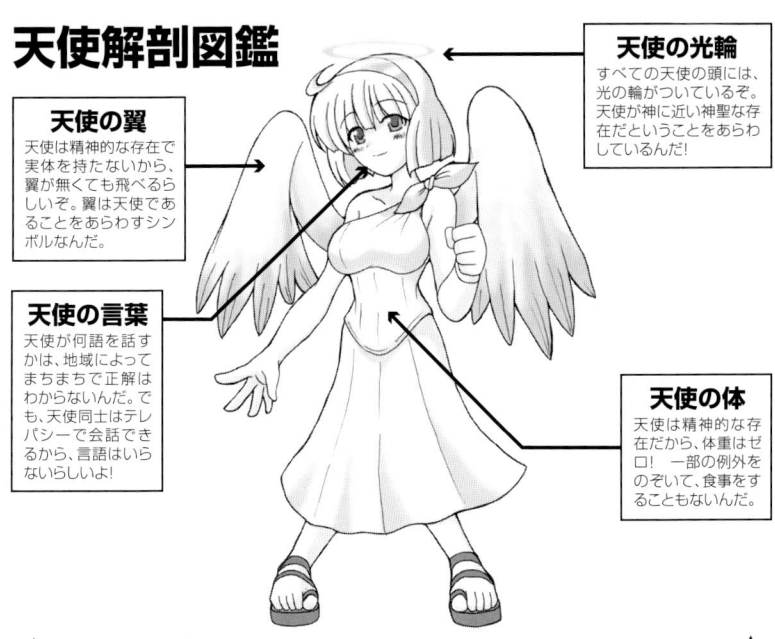

キリスト教の神学

神学とは、キリスト教の教義や聖書の記述を信じたうえで、キリスト教に関するさまざまなことを研究する学問です。

神学には「聖書学」「歴史神学」など多くのジャンルがあります。そのなかにはもちろん、天使という存在について研究する「天使学」というジャンルもあります。これまで紹介してきた天使に関する内容は、すべて天使学によって定められたものなのです。

天使やキリスト教について深く知るうえで、神学について知ることは欠かせない基礎になります。まずは神学の成り立ちから紹介していきましょう。

なぜ神学は生まれたか

キリスト教は、イエス・キリストの死後、1〜2世紀ごろに生まれた宗教です。ですが当時のキリスト教はそれほどメジャーな宗教ではなかったため、つねに他の宗教から批判や攻撃を受けていました。

キリスト教独自の聖典である『新約聖書』には、あいまいな記述や矛盾する内容があったため、これは他宗教の学者から批判の材料に使われました。そこでキリスト教側は、他宗教の批判に反論し、キリスト教の正しさを主張するために、聖書を研究して「正しい教義」を作り上げていきました。これが「神学」の誕生です。

神学の歴史

長い時間が過ぎ、キリスト教がヨーロッパの最大宗教になった後も、神学の研究は続きました。その集大成といえるのが、13世紀の神学者「トマス・アクィナス」が書いた神学解説書『神学大全』です。（←p082）現在われわれが触れることのできるキリスト教関連の書籍は、ほとんどがこの『神学大全』で定められた神学知識をもとにしています。

神学の基本と分野

神学の研究をするうえで基本となる前提は、「聖書の記述は常に正しい」ことです。これがなければ神学は不毛な空想議論と化してしまうでしょう。

この前提をもとに、神学は1000年以上の時をかけて発展し、現在では無数の研究分野を持つにいたりました。以下はその一例です。

聖書学……聖書を研究することで、初期の聖書とキリスト教の姿をあきらかにしようとする学問です。旧約聖書学と新約聖書学に分かれます。

歴史神学……キリスト教の歴史を研究する学問です。

組織神学……「神とはどんな存在か」から始まり、キリスト教のさまざまな教義について学ぶ学問です。天使学もこのジャンルに含まれます。

実践神学……説法のやり方、教会の運営など、実際にキリスト教の組織を運営していく手段について研究する学問です。

天界の構造

聖書という限られた資料をもとにしているため、神学は万能ではありません。なかには現在でも統一した結論を出せないでいる問題がたくさんあります。天国の構造も、そんな未解決問題のひとつです。

ユダヤ教の天国

左の図は、ユダヤ教の宗教文書などに書かれている天界の構造を図解したものです。この世界は半球状の7つの天国と、7つの円盤状の大地で構成されています。われわれが住む世界は、一番内側の円盤と半球の中間にあると考えられています。

ユダヤ教の文献では、天国は7層構造になっていることが多いですが、その構造にはそれぞれ違いがあります。左の図も、あくまでひとつの説を図にしたに過ぎません。

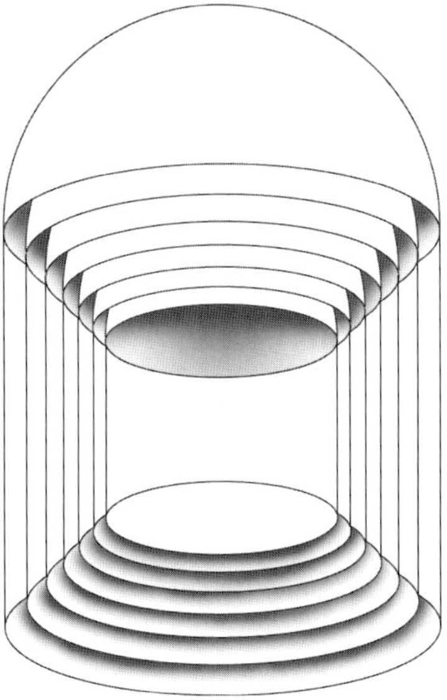

いろいろな十字架

キリスト教のシンボルである十字架。これは、イエス・キリストがはりつけられて死んだ十字架を神聖視したために産まれたシンボルなのです。ですが実は、普通の十字架のほかにも、キリスト教にまつわるさまざまな十字架が存在します。

ラテン十字

一番有名な十字架はこれ。カトリック教会でおもに使われる

ギリシャ十字

ギリシャ正教で使われる十字架

ケルト十字

ケルトの象徴、円環を十字架に組み合わせた、ケルト独自の十字架

アンデレ十字

イエスの弟子、アンデレが死刑になるときに使われた十字架

八端十字架（ロシア十字）

上の横棒はイエスの名前を書いた板、下の棒はイエスが足を置いた台をあらわす。

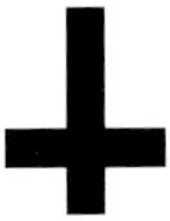

ペトロ十字

こちらもイエスの弟子、ペトロがみずから希望して使った十字架。逆十字とも。

聖書

聖書ってあれデスよね、悪魔払い師のオッサンとかが小脇に抱えてる分厚い本デスよね。あれは勘弁してほしいデスよ……悪魔にとっては恐怖の象徴なのデス。

う一ん、その認識は間違ってはいませんけれど、正しくもないですね。
そもそも聖書にはふたつの種類があるのです。
悪魔払い師さんが持っていたのはどんな聖書でしたか?

……「どんな聖書」?
も、もしかして「聖書」って、種類があるデスか?

え、そうなのですか?
はわわ、私も聖書って1種類だけだと思ってたです……

2種類ある聖書の片方は『旧約聖書』、もう片方は『新約聖書』といいます。
ふたつの聖書は、できた時期や内容が違う、まったく違った本なのですよ。

しかも、聖書というのはさまざまな文書の集合体です。
新約聖書は27、旧約聖書は……数え方によって違いますけど、だいたい50種類の文書をまとめて作ったものなのです。

へ一、そうなんデスか……ああ、そういうのを人間たちがなんていうか知ってますよ。
オムニバス!

な、なんか、すごい勢いで聖書の権威が下がった気がするのです……

ま、まあ、間違ってはいませんから……
気を取り直して、聖書とはいかなるものか、じっくり見ていきましょうね。

は一い、わかりました一!

旧約聖書と新約聖書

キリスト教の聖典とされているふたつの聖書『旧約聖書』と『新約聖書』。このふたつは、成立時期も内容もまったく違う書物です。
『旧約聖書』は、もともとユダヤ教の聖典としてまとめられたものです。旧約聖書には、紀元前6世紀〜4世紀ごろに書かれた文書が収録されています。
『新約聖書』は、キリスト教徒の手によって、キリスト教だけの聖典としてまとめられたものです。新約聖書には、紀元1世紀〜2世紀ごろに書かれた文書が収録されています。

聖書の舞台

聖書の物語の舞台になっているのは、おもに現在「中東」と呼ばれている地域です。

そのなかでもとくに多くに登場するのは、現在イスラエル国がある「カナン地方」です。聖書の物語はカナン地方を中心に、東はバビロニア（現在のイラク）、南はエジプト、北はトルコまでの幅広い地域で展開していきます。

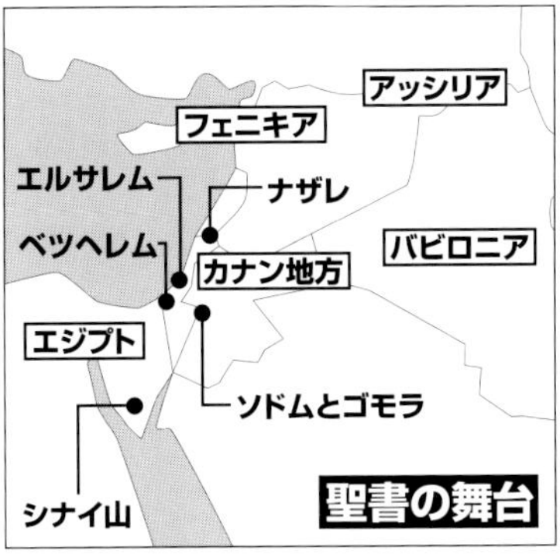

聖書の舞台

旧約の「約」は契約の「約」

『旧約聖書』の「旧約」には、古い契約という意味があります。聖書は「人間が神様と交わした契約」を書いた書物だと考えられているのです。

キリスト教やユダヤ教の信仰は、つきつめていけば「聖書という、神様との契約を守る」ことに集約されます。そのためキリスト教徒やユダヤ教徒にとって、聖書はほかの宗教の聖典以上に重要なものです。

ヨーロッパやアメリカは「契約社会」ってよく言われるけど、これはキリスト教が「契約宗教」だからなんだ。なんせボクら悪魔でさえ、人間と契約書をかわすわけだからね、キリスト教社会は。

聖書と神預言者

『旧約聖書』と『新約聖書』には、どちらにも「神」と呼ばれる存在が登場しますが、このふたりの「神」は同一の存在です。

本来『旧約聖書』はユダヤ教徒のために作られた聖典ですが、キリスト教やイスラム教も『旧約聖書』を聖典に含めています。つまり、キリスト教、イスラム教、ユダヤ教の三宗教は、おなじ神を信仰している兄弟宗教ということになります。

また、両方の聖書に共通する存在に「預言者」というものがあります。預言者とは未来を予知する「予言者」とは違い、神の声を「預《あず》かって」、一般の人々に届ける役目のことです。聖書の物語は、この預言者たちを中心に進んでいきます。

旧約聖書

まず最初に、キリスト教の聖書二冊のうち、より古くから存在していた『旧約聖書』について紹介しましょう。

旧約聖書とは？

『旧約聖書』は、紀元前6～4世紀ごろに書かれた、ユダヤ教の宗教文書をまとめたものです。キリスト教のほか、ユダヤ教とイスラム教でも聖典となっています。
『旧約聖書』の「旧約」とは、古い契約という意味です。ユダヤ教徒は旧約聖書だけを聖典としているため、「古い」という表現はユダヤ教徒の反発を招きます。そのため現在では『ヘブライ語聖書』という表現が一般的になっています。

キリスト教徒やユダヤ教徒は、『旧約聖書』に書かれている歴史は、実際にあった出来事であると主張しています。しかし、旧約聖書の重要人物に関する記述が、周辺の地域の文献に見あたらないことから、『旧約聖書』の歴史は創作だという説が根強くあります。

旧約聖書の文書

『旧約聖書』は、50種類前後のユダヤ教の文書を1冊にまとめたものです。これらの文書は、以下の4種類に分類することができます。

モーセ五書

世界の誕生からはじまる、人類の歴史を書いた5つの文書です。ユダヤ教の預言者モーセが書いたといわれ、『旧約聖書』のなかでもっとも重要な文書です。

歴史書

『モーセ五書』以降のユダヤ人の歴史を記録した文書です。

預言書

神の言葉を聞き、人々に伝える「預言者」の言動を記録した文書です。

知恵文学

生活や宗教に関するさまざまな知恵を収集し、研究した文書です。

カトリックの旧約聖書全文書

～モーセ五書～
創世記
出エジプト記
レビ記
民数記
申命記

～歴史書～
ヨシュア記
士師記
ルツ記
サムエル記上、下
列王記上、下
歴代誌上、下
エズラ記
ネヘミヤ記
トビト記
ユディト記
エステル記
マカバイ記上、下

～知恵文学～
ヨブ記
詩篇
箴言
コヘレトの言葉
雅歌
知恵の書
シラ書

～預言書～
イザヤ書
エレミヤ書
哀歌
バルク書
エゼキエル書
ダニエル書
ホセア書
ヨエル書
アモス書
オバデヤ書
ヨナ書
ミカ書
ナホム書
ハバクク書
ゼファニヤ書
ハガイ書
ゼカリヤ書
マラキ書

旧約聖書の物語

『旧約聖書』の中心である「モーセ五書」と「歴史書」は、ユダヤ人の歴史を描いた文書です。ですから『旧約聖書』に書かれている歴史を理解すれば、聖書の物語をおおまかに理解することができます。

ここでは『旧約聖書』の人類史を、時代順に4つにわけて紹介します。

1. 天地創造

神が7日かけて世界を作り、最初の人間としてアダムとエヴァ（イブ）を作り、彼らの子孫が地上に広がっていくまでの物語です。「知恵の実を食べたアダムとエヴァ」、「人類初の殺人者カイン」「ノアの箱船」「バベルの塔」など、教科書に載ったり童話になるような有名なエピソードは、ほとんどがこの時代の物語です。

この時代のできごとは、モーセ五書のひとつ『創世記』に書かれています。

2. ユダヤ人の誕生

現在のイラク南部にあたる、バビロニア地方に暮らしていた羊飼い「アブラハム」が、神によって「カナン地方」の支配権を与えられ、カナン地方に住み着きます。一族はどんどん繁栄し、ついにアブラハムの子孫であるヤコブは、「ユダヤ人」と呼ばれる人々の先祖となりました。

この時代の重要人物には、上に書いたアブラハムやヤコブのほか、エジプトの奴隷から大臣にまで登り詰めたヤコブの息子「ヨセフ」などがいます。また、乱れた性ゆえに神の怒りを買った街「ソドムとゴモラ」の滅亡も、この時代の事件です。

この時代のできごとは、『創世記』の後半部分に書かれています。

サタン倶楽部？

アダムとエヴァに知恵の実を食べさせようと必死なサタンさんですが……
なぁなぁこの「知恵の実」食ってみろよ
うめーよ？
いりませ〜ん
おーい
神様に食べるなってきつく言われてるんだよねぇ
チィ！あの二人、なかなか誘いに乗りやがらねぇ！
押すのがダメなら引いてみるか！
オイ！テメーら！そんなに食いたくねぇんなら俺が全部食っちまうぞ！
どーぞどーぞ
な!?
話進まねーだろ!!

3. 聖地への帰還

紀元前16～12世紀ごろ、エジプトには多数のユダヤ人が奴隷として売られ、厳しい労働を義務づけられていました。この奴隷ユダヤ人を解放するようにと、神に命令されたのが「モーセ」という人物でした。

この時代の物語は、モーセが奴隷だったユダヤ人を連れてエジプトを脱出し、やがてその後継者ヨシュアの手によって、他民族に支配されていたカナン地方を取り返すまでの出来事が中心になっています。

映画でも有名な物語「十戒」は、このモーセのエジプト脱出行を題材にしています。

この時代のできごとは、モーセ五書のひとつ『出エジプト記』に書かれています。

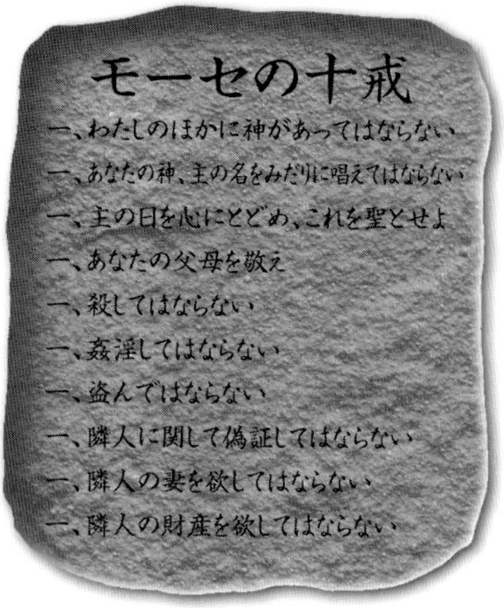
モーセの十戒
一、わたしのほかに神があってはならない
一、あなたの神、主の名をみだりに唱えてはならない
一、主の日を心にとどめ、これを聖とせよ
一、あなたの父母を敬え
一、殺してはならない
一、姦淫してはならない
一、盗んではならない
一、隣人に関して偽証してはならない
一、隣人の妻を欲してはならない
一、隣人の財産を欲してはならない

モーセが「シナイ山」で神から授かった石版には、神との契約「十戒」が書かれていた

4. イスラエル王国の歴史

カナン地方を手に入れたユダヤ人ですが、その後も外敵の侵略に悩まされます。またこの時期、カナン周辺で盛んだった異教が、ユダヤ人に浸透しつつありました。

ユダヤ人たちは外敵や異教と戦いながら、預言者でもあるユダヤ人指導者「士師」の時代、イスラエル王国の建国と分裂、王国の滅亡という波乱の歴史を生きていきます。

『旧約聖書』にはこの時代の記述がもっとも多く、「歴史書」はすべてこの時代のことを書いています。しかしその記述の豊富さのわりに、日本で有名な物語は多くありません。

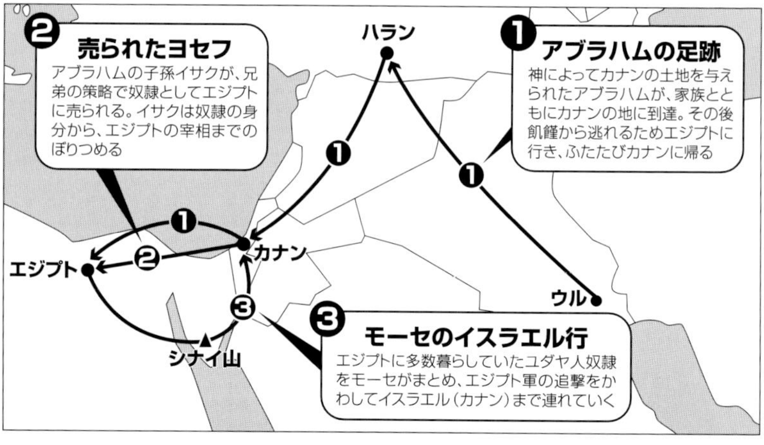
❷ 売られたヨセフ
アブラハムの子孫イサクが、兄弟の策略で奴隷としてエジプトに売られる。イサクは奴隷の身分から、エジプトの宰相までのぼりつめる
ハラン
❶ アブラハムの足跡
神によってカナンの土地を与えられたアブラハムが、家族とともにカナンの地に到達。その後飢饉から逃れるためエジプトに行き、ふたたびカナンに帰る
カナン
エジプト
ウル
シナイ山
❸ モーセのイスラエル行
エジプトに多数暮らしていたユダヤ人奴隷をモーセがまとめ、エジプト軍の追撃をかわしてイスラエル（カナン）まで連れていく

死海文書

『旧約聖書』の文書が書かれたのはだいたい今から2500年くらい前なわけ。このころは印刷なんていう便利な技術はなかったからさ、本を写すのも手作業だったんだ。おまけに他の言語に翻訳するときに内容が変わる可能性もあったから、「俺達の読んでる聖書は本当に正しい内容なのか？」ってのが聖職者の心配のタネだったんだって。

するとラッキーなことに、1950年ごろ『死海写本』っていう文書が無傷でたくさん見つかったんだ。これは紀元前2世紀ごろに書かれたもので、『旧約聖書』に入ってる文書もたくさんあることがわかった。その内容を翻訳して、現在の『旧約聖書』と照合したら……ビンゴ！　ほとんど同じ内容だったんだってさ！　聖書の正当性が確認されて、世界中の聖職者たちがホッとしたんだってよ。

旧約聖書の物語の特徴

『旧約聖書』の特徴は、神が非常に嫉妬深く、残忍な存在として描かれていることです。神との約束にしたがう人間に対して神は優しいですが、約束を破る者には容赦のない罰を与えます。また、異教徒に対してはさらに厳しく、神はユダヤ人に何度も「異教徒を虐殺せよ」という指示を出しているほどです。

『旧約聖書』の神が残忍なのには理由があります。なぜなら『旧約聖書』はユダヤ教の聖典であり、ユダヤ教の神が契約しているのはあくまでユダヤ人です。そのため神は、キリスト教的な博愛主義とは無縁で、異教徒の生命を尊重することなどありえないのです。

旧約聖書の登場人物

『旧約聖書』にはさまざまなユダヤ人が登場します。ここでは『旧約聖書』の登場人物のなかから、これまでくわしく紹介できなかった4人について紹介していきましょう。

アダム＆エヴァ

神に作られた最初の人間がアダム。そしてアダムの肋骨から作られた最初の女性がエヴァです。彼らは神との約束を破り「知恵の実」を食べたため、天上の楽園「エデンの園」から追放され、地上で暮らすことになりました。

ノア

悪が広がりすぎた地上を滅ぼすために、神は洪水を起こします。人間や動物を救うために善人のノアが選ばれ、彼の子孫だけが「箱船」を使って生き残りました。ノアの子孫は世界中に広がり、現在の地球人の先祖になりました。

アブラハム

ノアの子孫で、神から彼の子孫へ「カナン地方」の支配権を与えられた人物です。彼には妻がふたりおり、本妻の子供はユダヤ人の先祖に、二番目の妻の子供はアラブ人の先祖になりました。そのためイスラム教でも尊敬されています。

モーセ

神の命令によって、エジプトで奴隷にされていたユダヤ人を救出した預言者です。神の力を借りて海を割るなど、数々の奇跡を起こしました。神と人間の十箇条の契約「十戒」を神と交わしたのもこのモーセです。

旧約聖書の血統図

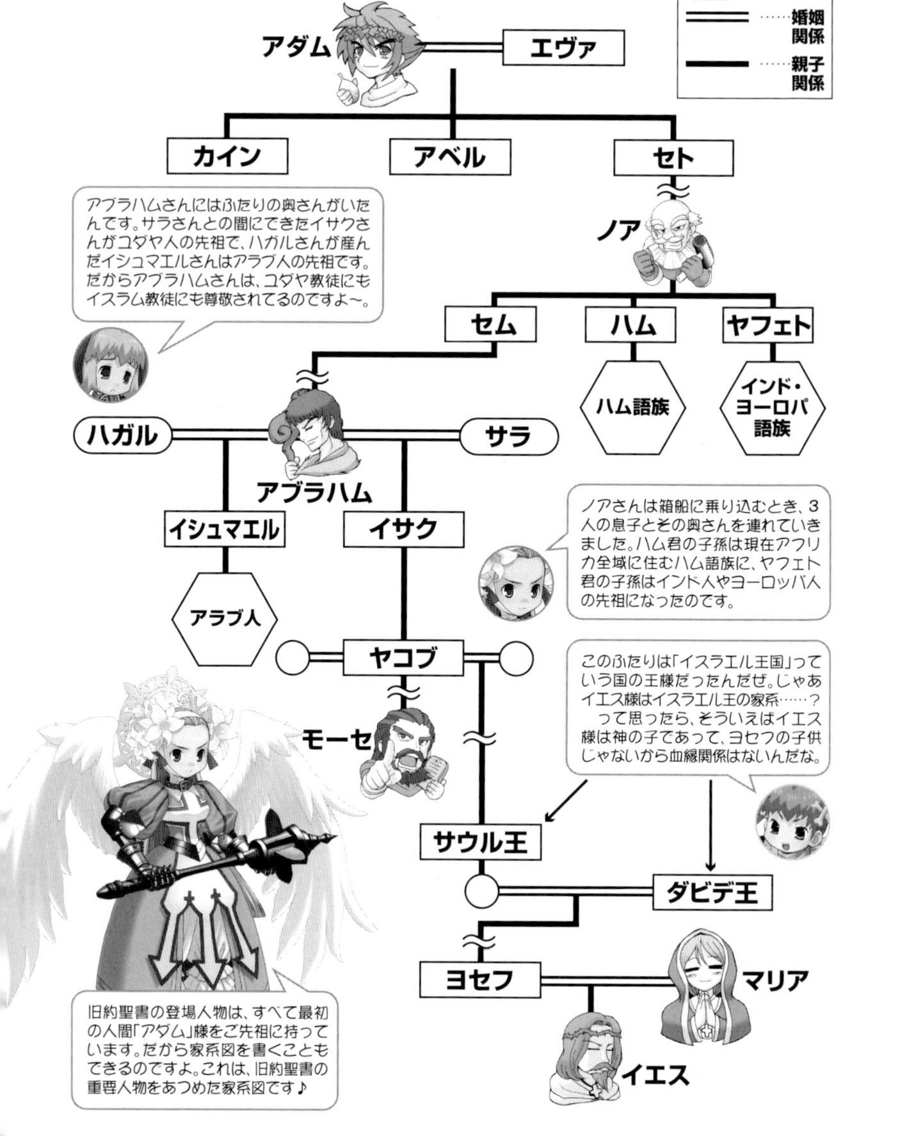

……男性
……女性
……婚姻関係
……親子関係
アダム
エヴァ
カイン
アベル
セト
ノア
セム
ハム
ヤフェト
ハム語族
インド・ヨーロパ語族
アブラハムさんにはふたりの奥さんがいたんです。サラさんとの間にできたイサクさんがユダヤ人の先祖で、ハガルさんが産んだイシュマエルさんはアラブ人の先祖です。だからアブラハムさんは、ユダヤ教徒にもイスラム教徒にも尊敬されてるのですよ〜。
ハガル
アブラハム
サラ
イシュマエル
イサク
アラブ人
ノアさんは箱船に乗り込むとき、3人の息子とその奥さんを連れていきました。ハム君の子孫は現在アフリカ全域に住むハム語族に、ヤフェト君の子孫はインド人やヨーロッパ人の先祖になったのです。
ヤコブ
モーセ
このふたりは「イスラエル王国」っていう国の王様だったんだぜ。じゃあイエス様はイスラエル王の家系……？　って思ったら、そういえばイエス様は神の子であって、ヨセフの子供じゃないから血縁関係はないんだな。
サウル王
ダビデ王
ヨセフ
マリア
イエス
旧約聖書の登場人物は、すべて最初の人間「アダム」様をご先祖に持っています。だから家系図を書くこともできるのですよ。これは、旧約聖書の重要人物をあつめた家系図です♪

新約聖書

『旧約聖書』の次は、キリスト教の聖典『新約聖書』について解説しましょう。

新約聖書とは？

『新約聖書』は、キリスト教の聖典です。『旧約聖書』とは違って、ユダヤ教徒は『新約聖書』を聖典だとはみなしていません。つまり新約聖書は、キリスト教徒専用の聖書なのです。ただしイスラム教では、新約聖書の「福音書」だけを聖典として扱います。

『新約聖書』は『旧約聖書』と同じように、複数の宗教文書をまとめて作った本です。『新約聖書』に収録されている文書はキリストの死後、1世紀から2世紀にかけて書かれたものであり、最終的に27の文書が収録されました。

最近では、『旧約聖書』が『ヘブライ語聖書』と呼ばれるようになったことにともない、『新約聖書』も、聖書に使用された文字から『ギリシャ語聖書』と呼ばれます。

新約聖書全文書

『新約聖書』の27文書は、以下の4種類に分類することができます。

福音書

キリスト教の救世主であるイエス・キリストの発言や行動を、イエスの弟子である「使徒」が記録したとされる4種類の文書です。4つの福音書はどれも同じ事実を記録していますが、解釈のしかたが違うためか、福音書ごとに内容が微妙に違っています。

使徒言行録

イエスの弟子である「使徒」たちの活躍を描いた文書です。初期のキリスト教がどのようなものだったかがわかる貴重な資料です。

書簡

使徒たちが、各地の教会などに向けて書いた手紙や、不特定多数に向けて書いたメッセージのことを指します。

黙示文学

神しか知らない秘密の知識を預言者に与え、その内容を書き取った文書です。

新約聖書全文書

〜福音書〜

マタイによる福音書
マルコによる福音書
ルカによる福音書
ヨハネによる福音書

〜使徒言行録〜

使徒言行録

〜書簡〜

ローマの信徒への手紙
コリントの信徒への手紙一
コリントの信徒への手紙二
ガラテヤの信徒への手紙
エフェソの信徒への手紙
フィリピの信徒への手紙
コロサイの信徒への手紙
テサロニケの信徒への手紙一
テサロニケの信徒への手紙二
テモテへの手紙一
テモテへの手紙二
テトスへの手紙
フィレモンへの手紙
ヘブライ人への手紙
ヤコブの手紙
ペトロの手紙一
ペトロの手紙二
ヨハネの手紙一
ヨハネの手紙二
ヨハネの手紙三
ユダの手紙

〜黙示文学〜

ヨハネの黙示録

新約聖書の物語

『新約聖書』でもっとも重要な人物は、すべての人間を救うためにあらわれた救世主、イエス・キリストです。

キリスト教徒はイエスを通じて神の言葉を知り、キリスト教徒として進むべき道を知ることができました。そのため、イエス・キリストの業績をたどることは、キリスト教を知る上でもっとも重要なことだといえます。ここでは、イエスの誕生から死、そしてイエスが復活するまでを描いた「福音書」の記述から、イエスの生涯を追いかけてみましょう。

1. イエス誕生

イエスは、大工のヨセフというユダヤ人男性の婚約者だった女性、マリアから産まれました。このときマリアは処女でした……マリアは男性によってではなく、神の力によって神の子を妊娠したのです。

ヨセフとマリアの前には大天使ガブリエルがあらわれ、産まれてくる子供が神の子であること、名前をイエスとしなければいけないことを告げられます。イエスはヨセフたちが旅の途中で寄った街「ベツレヘム（←p070）」の馬小屋で産まれました。

イエスは幼いころから神の子としての自覚があり、家族との親子感情は希薄だったようです。イエスはヤハウェ神の神殿で「ここは父の家だ」と言っているし、母マリアに対しては「お母さん」ではなく「婦人」と、まるで他人のような呼びかけ方をしています。

2. イエスの伝道

ユダヤ教徒として洗礼を受けたイエスは、イスラエルの南東に広がる「ユダの荒野」で40日の断食修行をおこなった後、預言者としての活動を開始します。

イエスの主張は、弱者や信心深い者はすべて救われるべきだ、というものでした。イエスはこの信条にもとづいて、旧来のユダヤ教徒から差別されていた人や、ユダヤ人の敵にも神の奇跡をさずけました。このためイエスは、旧来のユダヤ教指導者から敵視され、さまざまな妨害や攻撃を受けることになります。

天使の名前の法則

伝道活動を進めるイエスには多くの信奉者がいました。イエスはそのなかから12人を選んで中心的役割を与えました。彼らを十二使徒といいます。

シモン・ペトロ（使徒のリーダー）
アンデレ（ペトロの弟）
ヤコブ（ヨハネの兄）
ヨハネ（ヤコブの弟）
フィリポ
バルトロマイ（本名はナタナエル）
トマス
マタイ
小ヤコブ（イエスの兄弟または従兄弟？）
タダイ
熱心党のシモン
イスカリオテのユダ（イエスを裏切った）
マティア（ユダの自殺後使徒に追加）

3. イエスの死

敵対していたユダヤ教指導者によって処刑されることを知ったイエスは、使徒たちとの食事会で、明日自分が死ぬことと、死後自分が復活することを告げます。この食事会のことを「最後の晩餐《ばんさん》」といいます。

翌日、イエスの予言どおりユダヤ教徒が押し寄せ、イエスを捕らえます。その手引きをしたのは、十二使徒のひとり、イスカリオテのユダでした。

当時イスラエルにはローマ帝国から総督が派遣されていました。総督ピラトはイエスに会ってその人柄に感服しますが、結局はイエスの死を望むユダヤ人たちに押し切られ、イエスを十字架にはりつけて死刑にします。

母マリアと「マグダラのマリア」という女性がその死を看取りました。弟子である十二使徒は生命の危険を感じ、はりつけの現場から離れていました。

4. イエスの復活とキリスト教の成立

イエスは死刑の3日後に復活をとげます。それに最初に気付いたのは、マグダラのマリアと使徒ヨセフでした。イエスの墓からイエスの遺体がなくなっていたのです。

しかしヨセフ以外の十一使徒は復活を信じませんでした。そんな彼らの前に復活したイエスがあらわれ、弟子たちの不信心を叱ります。復活を見せ付けられたことで弟子立ちは心を入れ替え、イエスの教えを伝えるべく活動を開始しました。

使徒たちは全国に散らばって布教活動を進めました。彼ら弟子たちの活動が、のちのキリスト教普及の基盤となっていくのです。

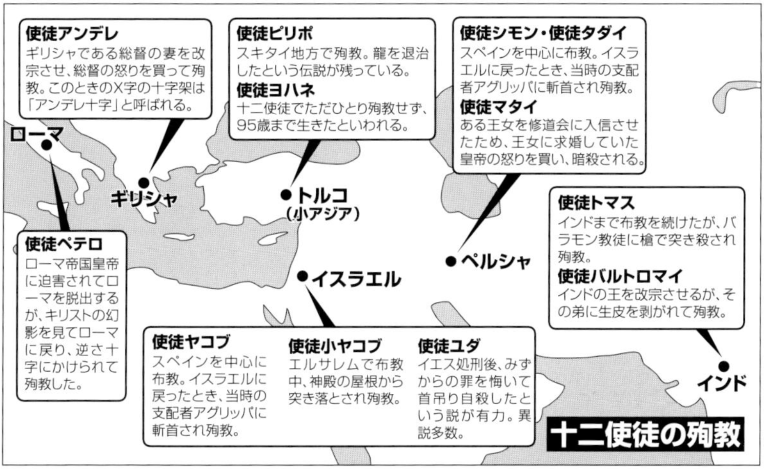

使徒アンデレ
ギリシャである総督の妻を改宗させ、総督の怒りを買って殉教。このときのX字の十字架は「アンデレ十字」と呼ばれる。
使徒ピリポ
スキタイ地方で殉教。龍を退治したという伝説が残っている。
使徒ヨハネ
十二使徒でただひとり殉教せず、95歳まで生きたといわれる。
使徒シモン・使徒タダイ
スペインを中心に布教。イスラエルに戻ったとき、当時の支配者アグリッパに斬首され殉教。
使徒マタイ
ある王女を修道会に入信させたため、王女に求婚していた皇帝の怒りを買い、暗殺される。
ローマ
ギリシャ
トルコ
(小アジア)
使徒ペテロ
ローマ帝国皇帝に迫害されてローマを脱出するが、キリストの幻影を見てローマに戻り、逆さ十字にかけられて殉教した。
使徒トマス
インドまで布教を続けたが、バラモン教徒に槍で突き殺され殉教。
使徒バルトロマイ
インドの王を改宗させるが、その弟に生皮を剥がれて殉教。
ペルシャ
イスラエル
使徒ヤコブ
スペインを中心に布教。イスラエルに戻ったとき、当時の支配者アグリッパに斬首され殉教。
使徒小ヤコブ
エルサレムで布教中、神殿の屋根から突き落とされ殉教。
使徒ユダ
イエス処刑後、みずからの罪を悔いて首吊り自殺したという説が有力。異説多数。
インド

十二使徒の殉教

ヨハネの黙示録

黙示とは、神しか知らない秘密の知識を人間に暴露することをいいます。新約聖書におさめられた『ヨハネの黙示録』は、ヨハネという人物が見た世界の終わりについての幻を、現在のトルコ付近にある7つの教会に手紙で伝えたという形式をとっています。
『ヨハネの黙示録』のおもな内容は、世界の破滅と死者の復活についてです。世界のすべてが神の使いによって滅ぼされ、死者が生前の行いを裁かれる「最後の審判」へとつながっていきます。

『ヨハネの黙示録』にはと〜っても恐いことがたくさん書いてあって「聖書」のイメージにあわないので、人間さんたちってばこれを聖書に入れるべきかどうか、長いあいだ相談してたそうです。「東方正教会」っていう宗派では、『ヨハネの黙示録』を正典に入れると決まるまでに、1000年もかかったらしいのですよ……

新約聖書の物語の特徴

『新約聖書』の物語のもっとも大きな特徴は、神の描かれ方です。『旧約聖書』ではあくまでユダヤ人の守護神でしかなかった神ヤハウェは、新約聖書では民族にかかわらず、神を信じる者を救う存在として描かれているのです。

また、神との約束を破った者や不信心者に対して神はかなり寛容になっています。ユダヤ民族主義の放棄と、神が優しい存在になったこと。この二点によって新約聖書は広く受け入れられ、キリスト教は世界規模の宗教となることができたのです。

新約聖書の登場人物

ここでは新約聖書の登場人物から、イエス以外の重要な人物について簡単に解説します。

「聖母」マリア

処女のままイエスを出産した女性です。現在では、イエスの出産後、夫ヨセフと肉体的夫婦関係があったかどうかが議論の的になっています。

イスカリオテのユダ

十二使徒のなかでも優秀でしたが、キリストを裏切ったのち自殺しました。彼の裏切りの理由はいまでも議論の的となっています。

マグダラのマリア

イエスの弟子だった女性で、イエスの死と復活を目撃しました。昔は娼婦だったという説もありますが、聖書にはその記述はありません。

ピラト総督

ローマからイスラエルに派遣された総督です。裁判でイエスを助命するようユダヤ人にうながしましたが、結局はユダヤ人の意見に従いました。

新約聖書　人物相関図

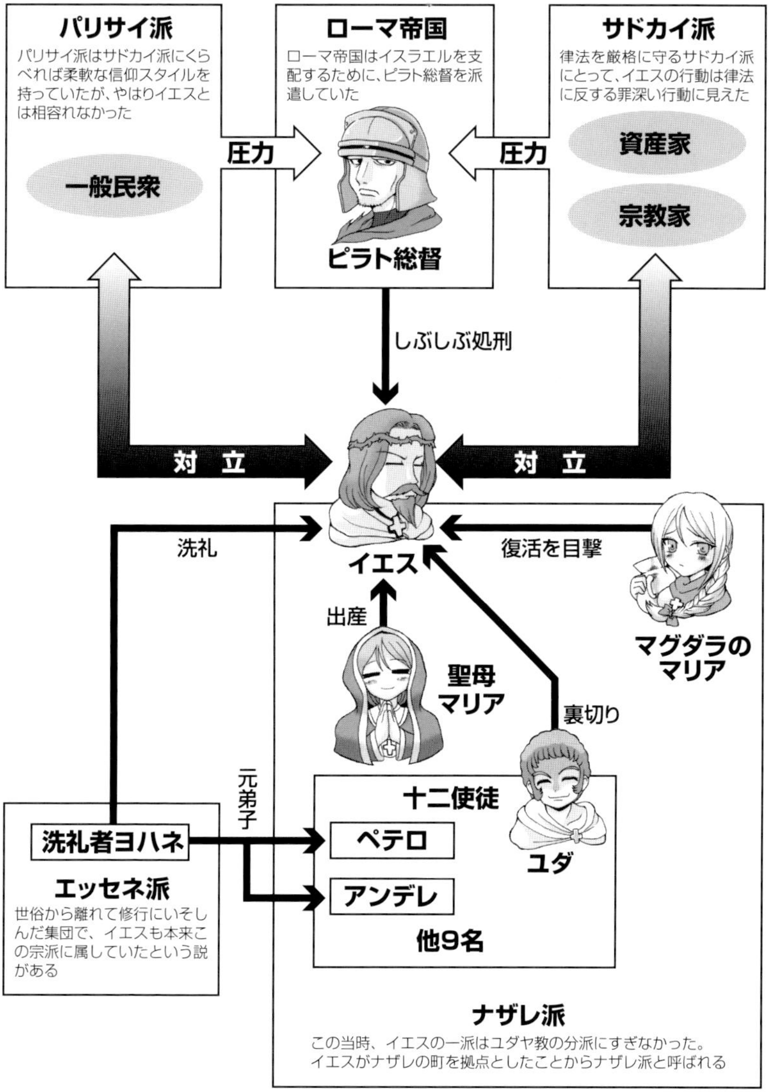
パリサイ派
パリサイ派はサドカイ派にくらべれば柔軟な信仰スタイルを持っていたが、やはりイエスとは相容れなかった
一般民衆
圧力
ローマ帝国
ローマ帝国はイスラエルを支配するために、ピラト総督を派遣していた
ピラト総督
圧力
サドカイ派
律法を厳格に守るサドカイ派にとって、イエスの行動は律法に反する罪深い行動に見えた
資産家
宗教家
しぶしぶ処刑
対　立
対　立
洗礼
イエス
復活を目撃
出産
聖母
マリア
マグダラの
マリア
裏切り
元弟子
十二使徒
洗礼者ヨハネ
ペテロ
アンデレ
他9名
ユダ
エッセネ派
世俗から離れて修行にいそしんだ集団で、イエスも本来この宗派に属していたという説がある
ナザレ派
この当時、イエスの一派はユダヤ教の分派にすぎなかった。
イエスがナザレの町を拠点としたことからナザレ派と呼ばれる

外典、偽典

p138やp143では、旧約聖書と新約聖書にふくまれる文書を紹介しました。しかしこれらの文書には、本書のテーマである「天使」に関する記述はあまり書かれていません。天使についてくわしく書いてあるのは、むしろ聖書に取り入れられなかった文書なのです。

ここでは、聖書であって聖書でない、聖書の「外典」「偽典」を紹介します。

外典、偽典とは？

聖書と同時期に書かれた宗教文書のうち、聖書の正典に取り入れられなかった文書のことを「外典」または「偽典」と呼びます。

「外典」には「聖書から外された文書」という意味があります。かつて聖書に含まれていたり、価値ある文献とみなされていたが、正式な聖書には入らなかった文書のことです。

「偽典」のほうは「作者名を偽《いつわ》った文書」という意味があります。偽典は、本の著者名に嘘を書いてある文書に対する呼び名でした。ですがしだいに偽典は「内容が不正確な文書」という意味に変わっていきました。

よって現在の「偽典」の意味は、キリスト教やユダヤ教にとって「間違い」が書いてある文書、つまり「神の教えを正確に伝えていない異端の文書」ということになります。

「外典」や「偽典」は、正式な聖書ではありませんが、宗教的に貴重な記述が含まれているものが数多くあります。そのため今も昔も、キリスト教徒やユダヤ教徒は「外典」「偽典」を価値ある書物と考えています。

代表的な外典、偽典

外典や偽典の文書は、正典よりもたくさんあるくらいで、すべてを紹介することはできません。ここではそのなかでも有名なものや面白いものをいくつか紹介します。

エノク書(旧約聖書偽典)

数ある外典、偽典のなかで、もっとも有名で重要と思われるのが『エノク書』です。

『エノク書』は、旧約聖書の正典にも登場するユダヤ人の預言者「エノク」が、天使に導かれて天国をめぐり、その見聞を地上で報告するという形式をとっています。

『エノク書』の特徴はふたつ。片方は、聖書正典、外典、偽典まで全部見回しても例を見ないほど、大量の天使が登場することです。もちろんこの本でしか登場しない天使も多く、天使について学ぶうえで貴重な資料となっています。

もうひとつは、主人公である預言者エノクが、人間から天使メタトロンに変わるという記述があることです。『エノク書』が偽典となったのは、この「イエス以外の人間が天に昇った」ことが理由なのではないかと想像されています。

ユダによる福音書(新約聖書外典)

『ユダによる福音書』は、福音書という名前のとおり、イエスの言動を記録した文書です。なぜこれが外典になったかというと、この本の著者が問題なのです。この本の著者とされているのは「イスカリオテのユダ」、つまりイエスを裏切り、ユダヤ教徒にイエスを売り渡したあのユダが書いた文書ということになっているのです。

この本には、じつは十二使徒のなかでもっとも真理に近づいたのはユダであり、イエスに対する裏切りも、イエス自身の指示で行ったのだと書かれています。

ユダによる福音書は1978年に発見された新しい文書ですが、その後の保存が悪かったため非常に劣化しており、復元作業がおこなわれました。解読された『ユダの福音書』の内容は2006年に出版されています。日本でも日経ビーピー出版センターから出版された日本語訳《原典　ユダの福音書》で読むことができます。

トマスによる福音書(新約聖書外典)

『トマスによる福音書』は、無数にある福音書のなかでも独特の形式をとっています。ほかの福音書が「イエスの行動と発言をあわせて紹介している」のに対し、この本では物語的要素を一切排除し、イエスの発言だけをひたすら集めた語録集になっているのです。そのため、イエスが残した言葉を研究するうえで非常に重要な資料となっています。

ただし、この本は古い時代では「異端」として糾弾されていました。なぜならばこの本の内容は、キリスト教から産まれた最大の異端にして最強の敵、「グノーシス主義」の正典だったからです。そのため『トマス福音書』は初期のキリスト教徒によって徹底的に敵視され、文献自体が残っていませんでした。

しかし、1945年にエジプトで発掘された『ナグ・ハマディ写本』のなかに、『トマス福音書』の完全版が発見されました。これによって本書は、イエスの言葉を研究する学者たちのなかで一気に有名になったのです。

宗派による違い

正典と外典の境界線は、宗派によって大きく違います。たとえばカトリック教会や東方正教会の正典で、大天使ラファエルが登場することでも有名な『トビト記』は、プロテスタントでは外典となっています。

このように宗派によって正典と外典の扱いが違うのは、各宗派がそれぞれ独自に研究して正典を定めたからです。現在、カトリックが正典とし、プロテスタントが外典とする文書は「第二正典」や「旧約聖書続編」の名前で呼ばれることがあります。

宗派ごとの正典と外典の違い

	トビト書	エノク書
ユダヤ教	—	—
カトリック	○	×
東方正教会	○	×
プロテスタント	×	×
エチオピア正教会	○	○

○……正典　×……外典、偽典扱い　—……無視

キリスト教の歴史

私たち天使のイメージが広まったのは、「キリスト教」がヨーロッパに普及してからなのですよ。学者のみなさんがわたしたちを研究して、「神の御使い」という、かっこいい姿が広めたわけですね。

そういえば、ボクたち悪魔のイメージも「キリスト教」の連中が悪魔を研究して作ったものだっけ。勝手にボクたちのイメージつくるのやめてほしかったなあ、「しょーぞーけん」の侵害だよ。

グレムさん、たぶん私たちには「肖像権」はありませんよ。ではここからは、キリスト教について見ていきましょう。キリスト教といっても色々ありますので、ここではもっとも信者の多い「カトリック」を中心に説明していきますね。

キリスト教とは何か？

キリスト教は、唯一神ヤハウェと救世主イエス・キリストを信仰する宗教です。

ユダヤ教から派生した宗教であるキリスト教は、母体であるユダヤ教を上回る規模に発展し、現在世界でもっとも多くの人に信仰される宗教になりました。ただし発展の過程でキリスト教は複数の宗派にわかれており、なかには仲の悪い宗派もあります。

キリスト教は聖書として、ユダヤ教の聖典である『旧約聖書』と、キリスト教独自の聖典である『新約聖書』の両方を採用しています。

キリスト教の成り立ち

キリスト教はその名前から、預言者「イエス・キリスト」がつくった宗教かと思う人も多いでしょう。ですが、じつは微妙に違うのです。キリスト教は、イエス・キリストの弟子たちによってつくられた宗教です。

イエスはユダヤ教の教えをもとにして、「神が愛するように神を愛せよ」という神への絶対的な信仰と「自分を愛するように隣人も愛せよ」という隣人愛を説いていきました。この布教活動は、罪を犯した人間や貧しい人間、さらには当時ユダヤ人と敵対していたローマ帝国の人間にも向けられたのです。ほかのユダヤ教の宗派にも「隣人を愛せよ」という教えはありましたが、敵も味方も分け隔てなく愛せよ、というイエスの教えは非常に珍しいものでした。

この教えはほかのユダヤ教から反発の目で見られましたが、一方でイエスのもとには、多くの信者が集まったのです。

西暦30年ごろ、イエスはエルサレムで捕らえられ処刑されます。イエスの死後、弟子たちはイエスの意志をついで布教活動を続け、キリスト教の形をつくっていきました。

キリスト教の歴史

イエスの弟子たちによってつくられたキリスト教が、ここまで広く信仰されるようになったのはなぜなのでしょうか？　ここでは、キリスト教が成立してから、現在に至るまでの歴史を紹介していきます。

ユダヤ教やローマ帝国からの迫害

できたばかりのころのキリスト教は、敵対していたローマ帝国や、ユダヤ教から迫害されていました。とくにローマ帝国からの弾圧はひどく、何人もの宗教指導者が処刑されたり、神殿を破壊されたりしました。しかしそのたびに、キリスト教徒たちの結束は強まっていったといいます。

ローマ帝国の国教に

根気強い布教活動の結果、3世紀末までには、キリスト教はヨーロッパ各地に広がっていました。キリスト教が自国領内に広がっていくのを見たローマ帝国は、これまでの政策をあらため、キリスト教を公認しました。ローマ帝国に認められたことで、キリスト教は気兼ねなくヨーロッパ中に布教活動ができるようになったのです。

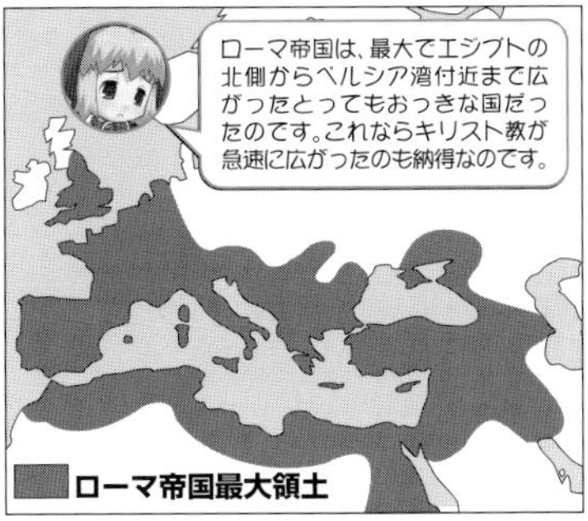
ローマ帝国は、最大でエジプトの北側からベルシア湾付近まで広がったとってもおっきな国だったのです。これならキリスト教が急速に広がったのも納得なのです。
ローマ帝国最大領土

東西分裂

西暦395年、巨大なローマ帝国は文化の違いなどから東西に分裂してしまいます。これによってキリスト教も、イタリアのローマ教会を中心とするものと、トルコのコンスタンティノープル（現在のイスタンブール）教会を中心にするものにわかれました。両教会はキリスト教の主導権を握ろうと争うようになり、その亀裂は大きくなっていきました。

宗教改革

16世紀ごろ、ローマを中心にしたカトリック教会には民衆からの不満の声が高まっていました。教会は税金や寄付を民衆から搾取して、富を蓄えていたのです。

宗教家「マルティン・ルター」は教会に、初期のような清廉な信仰と、聖書中心の信仰に立ち返るよう訴えます。この運動は、キリスト教の新しい宗派を多数生みだしました。

キリスト教の教義と戒律

キリスト教では「愛」の大切さについて説いていいるのですよ～。
あぁ、愛、愛は素晴らしい！　愛は地球を救うのです（うっとり）

確かにイエスは愛について熱っぽく語ってたけどさ、そのほかにもなんか言ってなかったっけ？
難しくて忘れちゃったけど。

あら、あんなに良い教えを忘れてしまうなんてもったいないですね。
それではここからは、キリスト教にはどんな教義や決まりごとがあるかを順番に見ていきましょうね。

三位一体

三位一体とは、神が「神」そのものの姿以外にも、救世主「イエス」の姿と「聖霊」の姿という3つの姿を持っているという考え方です。姿は違ってもどれも神であることに変わりはないので、同じように信仰しよう、というわけです。

唯一神だけを崇めるはずのキリスト教にとって、信仰の対象が「神」や「イエス」と、複数いるのは矛盾したことでした。三位一体は、この矛盾を解決するために生まれたものだと考えられています。

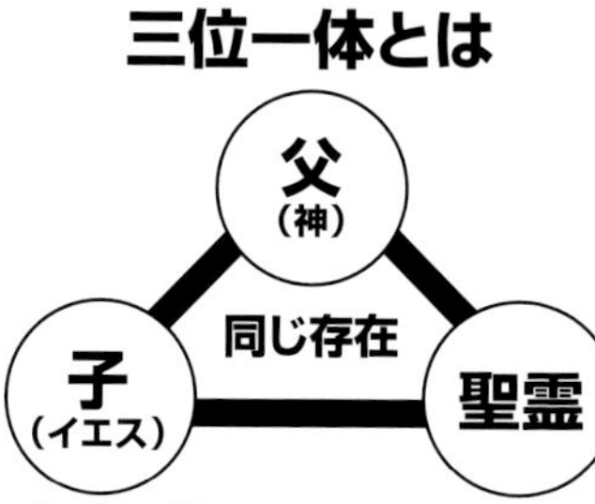
三位一体とは
父
（神）
同じ存在
子
（イエス）
聖霊

三位一体とは「神、イエス・キリスト、聖霊は、姿は違うが実はすべて神自身である。同じ存在なのだから、すべて信仰する対象だ」という教えのこと。

終末論と死生観

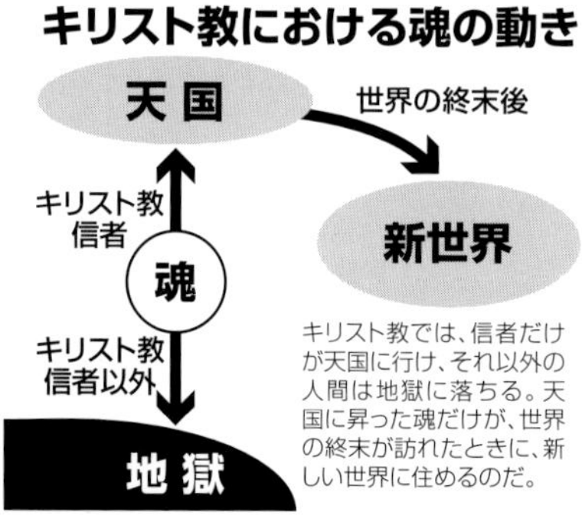
キリスト教における魂の動き
天国
世界の終末後
新世界
キリスト教
信者
魂
キリスト教
信者以外
地獄

キリスト教では、信者だけが天国に行け、それ以外の人間は地獄に落ちる。天国に昇った魂だけが、世界の終末が訪れたときに、新しい世界に住めるのだ。

キリスト教には、今ある世界はいつか滅び、新しい世界が誕生するという「終末論」があります。この新しい世界へ行けるのは神を信じる者、つまりキリスト教信者だけで、ほかの人間は世界の終わりとともに消滅してしまいます。

多くの宗教では、生前に犯した罪によって魂の行き先が決まります。ですがキリスト教では、過去に罪を犯した人間でも、心から神を信じれば罪が許されるのです。

原罪と救済

聖書に登場する人間の祖先、アダムとイヴは、神の命令を無視してしまったため神の怒りを買い、生まれながらの罪「原罪」を背負ってしまいました。この原罪があるせいで、人間には死が訪れるようになり、死んでも新世界へ行けなくなったのです。

しかしイエスは、みずから十字架の上で死ぬことで、すべての人間の原罪を肩代わりして昇天しました。この出来事によって原罪は弱められ、イエスを信仰する者は原罪から解放されることになりました。

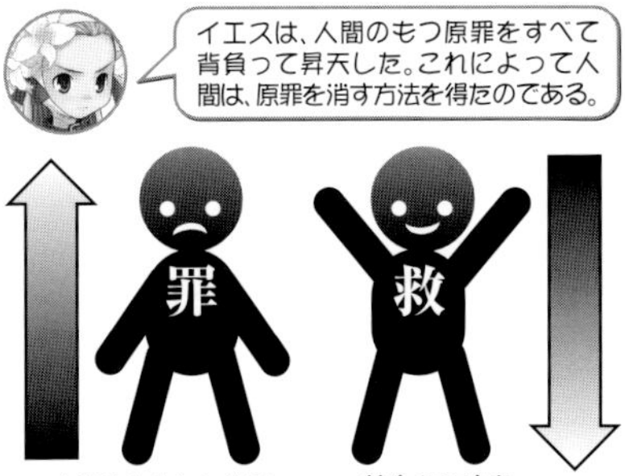
イエスは、人間のもつ原罪をすべて背負って昇天した。これによって人間は、原罪を消す方法を得たのである。
罪
救

人間は生まれながらに罪を負っているため、天国へいけない。

神（イエス）を信仰すれば、罪が消えて天国にいける。

愛と自己犠牲

イエス・キリストは「たとえ罪人や、敵であったとしてもその人を愛せ」という無償の愛を説いていました。この考えはイエスの「汝の隣人を愛せよ」という言葉にもあらわれており、イエスの死後も、キリスト教の教義のなかで重要なものとなっています。

また、イエス・キリストは、人類の原罪を代わりに受けるために十字架に架かったことから、キリスト教では自己犠牲もひとつの愛の形だと考えられています。

現在のキリスト教では、愛には以下の4種類があるとされています。

・アガペー
すべての人間に向けられた無償の愛のことです。代表的なアガペーは、神が人間に向ける愛情のことです。

・エロス
肉体的な関係を結ぶ愛のことで、おもに男女のあいだに発生します。また自己中心的で身勝手な愛もエロスとされました。

・ストルゲー
親子愛や師弟愛など、人間の上下関係から産まれる愛情です。子が親を尊敬し、親が子をいつくしむのがストルゲーの一例です。

・フィーリア
ひとことでいえば友情のことです。人間の横のつながりで発生する愛、他人との協力で生まれる愛のことをいいます。

キリスト教で「愛」という場合、それは一般的に「アガペー」のことを指します。「隣人愛」に代表される無償の愛こそが、イエスが説いたことだからです。

神のもとの平等

キリスト教の教義に「神の元の平等」という考え方があります。これは「すべての人間は神が作ったのだから、人種や貧富に関係なく、人間は平等だ」という考え方です。

しかしキリスト教社会では、これとはまったく正反対のことも行われてきました。その代表として「女性差別」が挙げられます。イエスの死後にイエスの教えを広めた「パウロ」という人物は、男尊女卑の考え方をもっていました。彼はキリスト教を広めた第一人者ですが、同時にキリスト教に男性主権の考えも広めてしまったのです。

洗礼

洗礼は、罪を清める儀式です。洗礼の由来は『新約聖書』に収録された「福音書」で、ユダヤ教の聖職者「パプティマスのヨハネ」が行っていた、ヨルダン川の水で罪を浄化する儀式が元になっています。イエスも彼から洗礼を受けたことからキリスト教では洗礼が重視され、現在は、洗礼は新規キリスト教信者の入信儀式となっています。

洗礼の方法は宗派ごとに違い、「全身を水に浸す（浸礼）」「頭部に水を注ぐ（潅水礼）」「水で濡らした手を信者の頭に押しつける（滴礼）」という3種類があります。

初期キリスト教では「洗礼のあと、罪は1度しか消えない」という考えが多くありました。そのため、死の直前まで洗礼を受けない信者が多かったようです。現在では「魂を保護する」ために、幼児のころから洗礼を行うのが習慣になっています。

聖地

ほとんどの宗教には、神聖なる大地とされる「聖地」があります。有名なキリスト教の聖地は、イエスが生まれた場所である「ベツレヘム」や洗礼を受けた「ナザレ」、処刑され、復活された場所だとされる「エルサレム」などです。このほかにも、キリスト教で有名な聖職者にゆかりのある地はすべて、聖地と見られるようになりました。

現在キリスト教の拠点となっている重要な教会は、ほとんどが聖地に建てられたものです。キリスト教最大宗派であるカトリックの総本山「サン・ピエトロ大聖堂」は、使徒シモン・ペトロが殉教したという場所に建てられたものです。

ガブリエル式洗礼

最近では、「ある分野で初めて受ける強烈なできごと」という意味でも、洗礼という言葉は使われていますね。

そういえば「プロの洗礼」なんて言葉をスポーツ中継で聞くのです。
でも、洗礼を受けた人はだいたいガッカリしてますね。
洗礼は罪を清めるとっても良いことですのに。

その場合の「洗礼」って、いい意味じゃないからなあ。
そう考えると、一生洗礼なんて受けたくないな。

いえいえ、せっかく天界に来たのですから洗礼を受けてみましょう（ポキッゴキッ）。
せーのっ、**ドゴォッ!!**

ぐはぁっ……いいパンチだったぜ……
これが天使の洗礼ってやつ……か!?（ばた）

キリスト教由来のイベント

世界には、キリスト教が紀元となっているイベントが色々あるんですよ。
クリスマスやバレンタインデーは、日本でも有名ですね。ここでは、キリスト教発祥のお祭りをいくつかご紹介しましょう。

クリスマスケーキに、チョコレート、おいしいごちそうがたっくさぁ～ん♪

あらあら、2人とも食べ物のことばかりですね。そんなに食べると太りますよ。
はっ! そういえば私、最近おなかの肉が……（ごにょごにょ）。

・クリスマス

救世主イエス・キリストの誕生を祝うお祭りです。日本でも馴染みの深いお祭りですが、国や地方によって特徴があります。

ドイツやオランダなどでは、12月6日にプレゼントをもらいます。これは12月6日が、「サンタクロース」のもとになった聖職者「聖ニコラウス」の日とされているからです。またイタリアでは、プレゼントをもってくるのは「ベファーナ」という魔女です。この魔女は、良い子にはプレゼントをあげますが、悪い子にはかわりに炭をもってくるとされています。

・バレンタインデー

もともと2月14日は、カトリックの聖職者「聖ウァレンティヌス」が殉教した日でした。当時は「士気下がる」といった理由から、兵士の結婚は許されませんでした。しかし聖ウァレンティヌスは、法令に背いて秘密裏に兵士たちの結婚を執り行っていたのです。その後、彼は捕らえられ処刑されてしまいました。

多くの結婚を祝った聖ウァレンティヌスは、恋人たちの守護聖人と見られるようになります。彼の亡くなった2月14日は、ウァレンティヌスの名前の英語読み「バレンタイン」から「バレンタインデー」と呼ばれるようになりました。

ちなみに、女性だけが男性に贈り物をする習慣があるのは日本だけです。ほかの国では、男性も女性にプレゼントを渡します。

・謝肉祭（カーニヴァル）

カーニヴァルの名前はラテン語のcarne vale（肉よさらば）から由来します。その名の通り、もともとカーニヴァルは、カトリックが四旬節という、断食の季節に入る前に行っていたお祭りなのです。現在では宗教的な面はほぼなくなり、パレードや仮装行列が行われる、華々しいお祭りとなっています。

余談ですが「カーニヴァル」は、人肉食を意味する「カニバリズム」と関係ある、という俗説があります。しかしこれは、ラテン語で肉を意味する「carne」が両方の言葉の語源となっただけで、関係はありません。

キリスト教の会派

キリスト教と言っても、たくさん宗派があるのですよ。おっきなものから小さなものまで含めると、かなりの数になるらしいのです。はわわ、全部覚えるの大変です〜。

そういえばキリスト教の人間って、何回も内部で争って、色んな宗派に分裂したんだよなあ。もともとおんなじものなのに、人間ってバッカだなぁ。

同じ神を信じる者同士で争うのは、悲しいことですね。
それでは、これからは内輪もめがないことを祈りながら、キリスト教の代表的な宗派について解説していきましょうか。

カトリック教会

カトリックは、ローマ教皇をトップにしたピラミッド型の組織構造が特徴の宗派です。キリスト教のなかでもっとも信者の多い宗派とされています。

かつてローマ帝国が東西に分裂したのち、同じようにキリスト教も分裂してしまいました。このとき、ローマを中心とした西ヨーロッパの教会が、カトリックとなったのです。

カトリックの組織構造

カトリックは、ローマ教皇をトップとした階級構造になっています（右の図参照）。

聖職者を補佐する「教皇庁」と「枢機卿団《すうききょうだん》」という組織もあります。教皇庁は行政や、事務的な部分を担当する組織です。一方枢機卿団《すうききょうだん》は、教皇に仕える直属の部下で、教皇の顧問を務めています。

カトリックの位階

高　階級　低

教皇（総大司教）
司教
司祭
助祭
侍祭
祓魔師
読師
守門

世界布教

カトリックが世界の最大宗派になった原動力は、ヨーロッパにおとずれた「大航海時代」でした。帆船で世界中に繰り出した国はほとんどが東方正教会ではなくカトリックを信奉する国だったので、東方正教会ではなくカトリックばかりが世界中に広まっていきました。現在中南米の多くの国では、国民の90%以上がカトリック信者です。

カトリックへの批判

カトリックは「十字軍」「魔女狩り」などの虐殺に深く関わったため、しばしばほかのキリスト教宗派から批判を受けます。また、また「妊娠中絶の禁止」や「司祭は独身男性に限る」ことなど、古い文化を引きずっていることも、非難の的となっています。

正教（オーソドックス）

正教またはオーソドックスと呼ばれるこの宗派は、ローマ帝国が東西に分裂したあと、コンスタンティノープル（トルコの大都市）を中心に発生しました。権力がローマに集中しているカトリックとは違って、各国の教会が独自性を持って活動するのが特徴です。

現在ではおもに、東ヨーロッパやロシア、西アジアを中心に信仰されています。正教のリーダー的教会は、ロシアの首都モスクワを拠点とする「ロシア正教会」です。

成立の過程

東ローマ帝国の勢力は、コンスタンティノープルを中心にして東側へ広がっていきます。東ローマで生まれた「正教」が東ヨーロッパやロシアで盛んなのは、このためなんですよ。
ローマ
コンスタンティノープル
1054年東ローマ領土

ローマ帝国が西と東に分かれたあと、当時大きな権力をもっていたローマ教会と、コンスタンティノープル教会は、主導権争いをしていました。両教会の仲は悪化する一方で、1054年、お互いの教会のトップを破門しあう事態が発生し、ついに完全に分裂します。

ローマ教会と仲たがいをしたコンスタンティノープル教会は、「自分たちこそ正統だ」として正教を成立させ、独自の道を歩みます。その後カトリックの「第4回十字軍遠征」で、十字軍はコンスタンティノープルを破壊。両教会の関係は、修復不可能となりました。

正教の教義

独自の道を歩き始めた正教は、カトリックとは違った教義を持ちます。ここでは、正教独特の教義について紹介していきます。

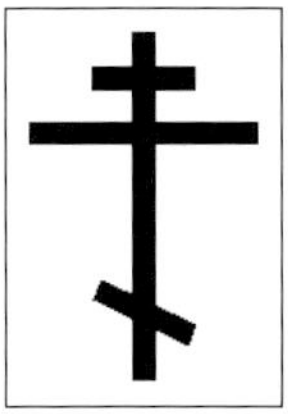

正教独自の十字架
「八端十字架」

・聖画像崇拝

正教最大の特徴といえるのが「聖画像《イコン》崇拝」です。これは、イエスや聖人の描かれた絵画を信仰するというものです。

絵画が聖画像と認められるためには規定があり、題材ごとに構図や色の使い方が決められています。ただイエスや聖人を描いたからといって聖画像にはならないのです。

・斎《ものいみ》

正教には「斎《ものいみ》」と呼ばれる食事規定があります。信者は特定の曜日や、クリスマスやイースターなどの大きな祭りの前になると、魚や肉、酒類など特定の食物を口にしてはいけないのです。また、斎《ものいみ》の期間は娯楽を控えるように、ともされています。

・カレンダー

正教でのクリスマスは、12月25日ではなく1月6日です。世界で一般的に使われている暦は「グレゴリウス暦」ですが、正教では古い「ユリウス暦」を使用しています。このユリウス暦は、グレゴリウス暦と比べて13日の遅れがあるのです。そのため、正教ではほかの宗派に比べて祭日が13日遅いのです。

プロテスタント

プロテスタントとは「抗議するもの」という意味の言葉です。その名の通りプロテスタントは、カトリックに抗議して生まれた宗派なのです。現在プロテスタントは、イギリスや北ヨーロッパを中心に、世界中で信仰されています。

プロテスタント成立の過程

16世紀ごろから17世紀にかけて、カトリック教会に反発する運動がおきました。当時のカトリック教会は、貧しい民衆から税を搾取するなどしていて、堕落していたのです。

この反発運動はヨーロッパ各地で起こり「宗教改革運動」と呼ばれました。なかにはカトリックと対立し、独自の宗派を成立させた人たちもいます。これが「プロテスタント」なのです。つまりプロテスタントとは、宗教改革でカトリックから分離し、独立した集団の総称なのです。「プロテスタント」という宗派は存在しません。

現在ではプロテスタントは「カトリックから分離した宗派」をあらわす意味になりました。そのため世界には、さまざまなプロテスタント系の宗派が存在しています。

ここでは、プロテスタントのなかでも、代表的な3つについて紹介していきましょう。

ルーテル派教会

ルーテル派教会は、16世紀のドイツでおきた反発運動から発生した宗派で、世界で初のプロテスタント系の宗派です。この反発運動の中心にいたのは、ドイツの思想家で聖書を研究していた「マルティン・ルター」という人物でした。ルターはカトリック教会に「人は信仰によってのみ救われる（信仰義認）」、「信仰で大事なのは教会ではなく聖書である（聖書主義）」、「神の前ではすべての信者が祭司であり、聖職者と信者に差はない（万人祭司主義）」の3つを主張し、教会に初期のころの思想に立ち返るように求めました。しかし、教会はルターの話を聞かず、さらには彼を破門してしまいます。

しかしルターの思想は中級、下級社会の民衆に熱烈な支持を受け、「ルター派」と呼ばれる集団が誕生します。このルター派の人々がつくったのが、ルーテル派教会なのです。

改革派教会

改革派教会は、ルターとほぼ同じ時代の16世紀にスイスで誕生した宗派です。

スイスの宗教改革運動では、フランス人の宗教指導者「ジャン・カルヴァン」という人物がもっとも大きな貢献をしました。カルヴァンは「救われるべき人間は神だけが知っている（予定説）」、「聖書への信仰は絶対である（聖書主義）」、「信者たちから選ばれた長老（カトリックでいう神父）が教会を統治する（長老制）」の3つを唱えます。このカルヴァンの主張が、改革派教会の基本思想となりました。

カルヴァンの思想は「カルヴァン派」または「改革派」と呼ばれ、形を変えてフランスやスコットランドへも伝わっていき、一大勢力を築いたのです。

改革派教会は、長老制という制度があることから「長老派教会」とも呼ばれます。

英国国教会

英国国教会は16世紀のイギリスで誕生した宗派です。この宗派が誕生した理由は、国王の離婚問題という奇妙なものでした。

当時カトリック教徒が離婚をするには、「この婚姻は無効である」と聖職者に宣言してもらう必要がありました。しかし政治的な問題からローマ教皇が婚姻無効を認めなかったため、イギリス国王ヘンリー8世はカトリックから離脱、英国国教会を作ったのです。

ヘンリー8世は、宗教改革を糾弾して教皇の賞賛を受けるほどのカトリック信者でしたが、改革にいたっては当時ヨーロッパを席巻していたプロテスタント運動を利用し、カトリックとプロテスタントの中間のような宗派をつくりあげました。

東方諸教会

東方諸教会は、西ヨーロッパから見て東側の地域で信仰されている宗派で、カトリック、正教、プロテスタントではない宗派の総称です。代表的なのはキリスト単性説を主張する「単性論教会」と、聖母マリアの存在を否定する「ネストリウス派」です。

キリスト単性論教会

初期キリスト教では「イエスキリストは神なのか、人間なのか」という議論が盛んでした。そのなかで、正統なキリスト教では「イエスは神であり人間でもある（両性論）」という説を正式に取り入れました。これに対し一部の教会は「キリストは神であって人間ではない（単性論）」という説を主張し、カトリックや正教と対立したのです。

キリスト単性論教会は、この単性論を主張するキリスト教宗派のことです。さまざまな分派が存在しますが、なかでも「コプト正教会」や「アルメニア教会」などが有名です。

単性論教会は、カトリックや正教、プロテスタントからは異端と見られています。

ネストリウス派

コンスタンティノープルの総主教だったネストリウスの主張を支持する宗派です。

ネストリウス派の最大の特徴は、多くの宗派で「神の母」として信仰されている聖母マリアの神性を否定していることです。ネストリウス派では、マリアは人間としてのイエスを生んだだけなので、彼女には神性はない、と主張しました。ネストリウス派もキリスト単性論教会と同じく、カトリックや正教、プロテスタントからは異端とされています。

現在では「アッシリア正教会」にその教義が伝わっています。

新興教会、異端

このほかにも、古くはグノーシス主義から、近年ではモルモン教など、キリスト教の流れを組む宗教は多数誕生してきました。しかしこれらの分派は多くの場合、カトリック、正教、プロテスタントからは「異端」とされ、キリスト教とは認められていません。

ユダヤ教

キリスト教には「ユダヤ教」っていうモトネタがあるんだ。ユダヤ教は「世界最古の一神教の宗教」と言われてるすごい宗教のですよ。あ、ちなみに一神教っていうのは信仰すべき神様はひとりしかいない、っていう宗教のことなんだぜ。

グレム、ちょっと違うのですよ。ユダヤ教は「唯一神教」なのです。「一神教」では自分たち以外の、ほかの宗教の神の存在も認めてますですけど、「唯一神教」では自分たちの神以外は存在しないのです。

そうです、ユダヤでは「神は唯一ひとりだけである」としていますからね。でも、ユダヤ教も最初のころはそういう考えではなかったのですよ。
それではここからは「ユダヤ教」がどんなものか見ていきましょうか。

ユダヤ教とは？

ユダヤ教は、ユダヤ人の守護者である唯一神「YHWH（ヤハウェ）」を崇拝し、経典である『聖書』の記述を厳格に守る宗教です。

ユダヤ教を成立させたのは、ユダヤ人という当時イスラエル南側に多くいた民族です。ユダヤ人は長いあいだ、迫害の道を歩んできました。そんな彼らの心のよりどころが、唯一神ヤハウェだったのです。なんど迫害されても彼らはあきらめず、むしろヤハウェを崇めることで結束を強めます。そして教義を進化させ、ユダヤ教を成立させたのです。

ユダヤ教はいつ成立したのか？

ユダヤ民族によるヤハウェへの信仰は、紀元前1200年ごろからありました。しかしこの頃のヤハウェ信仰では、ヤハウェ以外の神が存在することを認めていました。

紀元前6世紀ごろ、ユダヤ人たちの国は中東の「バビロニア帝国」に攻め滅ぼされます。このとき大勢のユダヤ人が、遠く離れた帝国の首都「バビロン」まで連れて行かれました。この事件を「バビロン捕囚」といいます。

信仰の拠点である神殿を失ったユダヤ人は、自分の子孫がヤハウェを忘れ、異教の文化に取りこまれることを恐れました。そこで彼らは、神殿での礼拝ではなく、厳しい戒律を守ることでヤハウェを信仰する方法を生み出したのです。

その後、故郷に帰ったユダヤ人たちは、紀元前3世紀ごろ、新しいヤハウェ信仰「ユダヤ教」を成立させます。このときからユダヤ教は、ヤハウェ以外に神が存在しない「唯一神教」になったといいます。

バビロニア帝国に征服されたユダヤ人たちは捕まり、バビロンへと送られた。この屈辱が、ユダヤ人たちの神への信仰をよりいっそう強力にする。その後、エルサレムに戻ることができたユダヤ人たちは戒律をまとめ、ユダヤ教を成立させた。

ユダヤ教の教義

ユダヤ教は、キリスト教で『旧約聖書』と呼ばれている文書『聖書』に書かれた戒律を、厳格に守ることを教義としています。聖書とは、神と人間が交わした契約の文書であり、人間が生きていくうえで必要なことや決まりごとが書かれたものです。信者は、聖書に記されたことを守れば、神からの恩恵が受けられると考えました。

ユダヤ教の教典

ユダヤ教の教典は『聖書』と『タルムード』の2つです。

聖書

ユダヤ教では『聖書』に収められた文書を『律法《トーラー》』『預言書《ネイビーム》』『諸書《ケトゥビーム》』の3つに分類しています。このなかで、もっとも重要とされているのが5つの本で構成されている『律法《トーラー》』です。『律法』には、人間がどのように生きればいいのかが書かれているため、聖書のなかでもとくに重要視されました。

タルムード

旧約聖書と並ぶユダヤ教の教典が『タルムード』です。ユダヤ教の宗教指導者たちは、上記の『律法《トーラー》』をどんなふうに解釈し、信者の生活にどう反映させていけばよいかを研究していました。その研究をまとめたものが『タルムード』なのです。

『タルムード』は、昔は文書でなく口頭で伝えられていましたが、4世紀ごろに文書にまとめられました。

『タルムード』にはいくつかの種類があります。現代のユダヤ教で利用されているのは、5世紀末にまとめられたという『バビロニア・タルムード』です。

メシア思想

メシア（救世主）とは、ユダヤ教の教義にある「世界の終わり」にあらわれ、ユダヤ教徒を新しい「神の国」へ導く存在です。世界の終わりとは、今ある世界はいずれ滅び、ユダヤ教を信仰する人間だけが、新しく作られる「神の国」へ行ける、という教えです。

ユダヤ教のメシアは、古代イスラエル国王「ダビデ」の子孫とされています。イエス・キリストはキリスト教でメシアとされていますが、ユダヤ教では「メシアの名を語る偽者」ということになっています。これはイエスがユダヤ教徒だけでなく、イエスを信じる者すべてを神の国へ導こうとしたからだと思われます。

宗教指導者「ラビ」

ラビとは、ユダヤ教の宗教指導者のことです。ラビたちは『律法《トーラー》』を研究する学者であり、信者が守るべき戒律を作ったり『タルムード』を編集して、ユダヤ教社会の基礎を作りました。

彼らの仕事は『タルムード』の内容を信者に教え、政治的な決定を下し、ユダヤ教社会を運営することです。また、ユダヤ教の儀式の進行を管理する仕事もありました。

ユダヤ教の戒律

ユダヤ教には、非常に細かい戒律のある宗教です。これらの戒律は信者たちにとって絶対的なものであり、破ることは許されません。この戒律を破ってしまうと、神の怒りを買い、大変な災いがおこってしまうと考えられていたのです。

律法

ユダヤ教では、神との契約を書いた文書である聖書の記述を厳格に守るのは、当然のことでした。とくに『律法』に書かれていたことは、重要な戒律として厳守されました。

時代が進み、ラビたちによって『タルムード』がまとめられると、信者が守るべき戒律は『タルムード』に書かれたものが中心になります。『タルムード』はいわば『旧約聖書』の内容を、具体的にわかりやすくしたものだからです。

カシュルート

ユダヤ教の有名な戒律に「カシュルート」という食事規定があります。ユダヤ教では、食べてよいものが細かく決まっており、そのほかの食物は口にしてはいけないのです。

そのほかにも「ユダヤ教信者以外の人間が作った料理を食べてはいけない」「乳製品と肉を同じ食事で食べてはいけない」など、食事に関する注意事項も多々あります。

詳しくは天使スリアのページ（→P066）で解説しています。

割礼

ユダヤ教では、男の赤ちゃんが生まれると、生後8日目に割礼の儀式を行います。割礼とは、男性器の先端の包皮を切り取ることです。

これは、モーセ五書に収められた文書のひとつで天地創造の物語である『創世記』のエピソードから始まった儀式です。割礼の儀式は、神とユダヤ教徒の最初の契約なのです。

安息日

現代の社会では「一週間は7日あり、そのなかで1日は休日である」という制度は、当たり前となっています。実はこの制度をつくったのは、ほかならぬユダヤ教なのです。

ユダヤ教では旧約聖書に収められた文書である『創世記』と『出エジプト記』にもとづいて、1週7日の制度を発明しました。『創世記』では、神6日で世界を創造し、7日目にすべての作業をやめて休んだといいます。これが休日のはじまりです。

ユダヤ教の安息日は、金曜日の日没から土曜日の日没までです。このあいだは、ユダヤ教徒は一切の仕事をしてはいけません。火をおこすことすら「労働」とされているため、マッチをこすったり、家電のスイッチを入れたり（電気は火の一種だと考えられているため）といった小さな労働も禁止されています。食事の準備もしてはいけないため、食事は前日のうちに2日分つくっておきます。

古代ユダヤ教の宗派

古代のユダヤ教は、決して一枚岩だったわけではなく、さまざまな分派が存在していました。なかには、のちのキリスト教となった「ナザレ派」という宗派もありました。

ここでは、古代ユダヤ教の分派のうち、代表的な4つの宗派を紹介します。

ファリサイ派

現在の多くのユダヤ教宗派の原型となったのが、ファリサイ派です。彼らは旧約聖書をもとに『タルムード』をつくり、ユダヤ教の教義を生活にどのように取り入れていくのかを細かく決めていきました。

エッセネ派

エッセネ派は、世界は不浄なものだと考えていている宗派で、人里から離れた場所で集団生活をしていました。また、4000もの『律法《トーラー》』をつくり、それを厳格に守っていた宗派でもあります。

サドカイ派

ユダヤ教のなかでファリサイ派と並ぶ大きな宗派だったのがサドカイ派です。彼らは、エルサレムにある神殿を中心にした信仰が絶対的なものだと主張しました。この宗派は、上流階級に支持されていました。

ナザレ派

イエス・キリストの死後、彼の弟子たちが集まってつくられた宗派です。ユダヤ教のなかでは異端の扱いを受け、何度も弾圧されています。のちにナザレ派は、ユダヤ教から離れ、キリスト教をつくりました。

現代のユダヤ教

現在のユダヤ教は、古代のユダヤ教の教義とは色々なところが変わっています。

ここでは現代ユダヤ教の宗派のうち、もっともユダヤ教らしい「正統派」の教義を中心にして、現代のユダヤ教がどのようなものか解説していきます。

迫害され続けたユダヤ人

ユダヤ人は、ユダヤ教がイエスを殺した、という理由からキリスト教に弾圧を受けていました。しかも彼らは、故郷のイスラエルまで失ってしまいます。キリスト、イスラム教の聖地でもあるエルサレムは、宗教間の戦争の舞台となっていたのです。

長い年月ののち、1948年、ユダヤ人は故郷の大地に再びイスラエルを建国できました。それまでの1800年、多くのユダヤ人は世界各地をさすらっていたのです。

現代のユダヤ教

現在のユダヤ教は、昔と比べると、以下のようなところが違います。

民族主義の放棄

古代のユダヤ教では「ユダヤ人が神と契約した」という考えから、ユダヤ人は神に選ばれた優秀な民である、という考えがありましたが、現在はその考えを捨てています。

ユダヤ人という概念の変化

古代ユダヤ教では、ユダヤ教を信仰している人間だけが「ユダヤ人」とされました。現在では、ユダヤ教信者のほかにも「母親がユダヤ人である」、「ユダヤの文化に深く関わっている」人間は、すべてユダヤ人と見られています。

カシュルートの変化

古代のユダヤ教には「カシュルート」という、食事に関する細かい規則がありました。魚介類は貝やエビ、ウナギといった「ヒレとウロコのないもの」は食べられず、外食や、ユダヤ人以外の人間がつくった食事は認められていませんでした。

しかし現在のユダヤ教では、この規定を厳格に守っているのは正統派だけです。改革派と呼ばれる宗派では、外食を許可したり、魚介類はすべて食べてよいとするなど、カシュルートの規定はゆるんできています。

安息日の変化

古代のユダヤ教では、安息日は労働やそのほかさまざまなことが禁止されていました。例えば乗り物での移動、お金を使うこと、スポーツなどです。現在正統派のユダヤ教徒は、安息日の規定を守るためにタイマーで家の電気を操作するようになりました。

現在のユダヤ教では、宗派によってある程度規則は緩んできています。ある宗派では、安息日のスポーツを許可したり、家から教会が遠い場合のみ、乗り物を使って移動してよいとしています。

グレムさんの安息日

なぁハニャエル、ゴハンを買いに行ったら店が全部閉まってたんだけど、なんで?

今日は神聖な安息日なのです。安息日は神さまが仕事をしちゃいけないと決めた日ですから、すべてのお店が休業なんですよ。それに、開いていたとしてもお金を使っちゃいけないのです。

えぇ〜、それじゃあ何も買えないじゃないか!

ユダヤ教以外の人がイスラエルに行ったら、ちょうど安息日ですべての店が閉まってびっくりした、なんてこともあるらしいですねえ。
安息日はひなたぼっこしながらゴロゴロするのが一番なのですよ〜。

そんなぁ……買い物ができないならしかたない、こんなこともあろうかともってきた地獄ヌードルでも食べるか。まずはお湯沸かさないとな。

ん?　コンロの前に張り紙がある。なになに、
「安息日に火を起こしてはいけませんよ。byガブリエル」
えぇ〜!　これじゃお湯が沸かせないじゃん!!

おなか空いたなぁ……。
しょうがない、テレビでも見て空腹を紛らわすか(ボタンに手を伸ばす)。
(ペシッ)イタッ!　はっ、ガブリエルさま!!

グレムさん、電気は火と同じです。
安息日は、家の電気や家電のスイッチを操作してはいけませんよ。

そんなぁ……これじゃあ何もできないじゃないか!
うぅ〜、安息日なんてキライだぁ!

カバラ

カバラとは、ユダヤ教の一部で信じられてきた思想のひとつです。カバラでは、ユダヤ教の重要な教義である『律法』を研究することで、神のもつ神秘的な力や、世界がどのようにして創られたかを解き明かそうとしました。

カバラ思想は紀元前100年ごろに始まったとされています。そして3～6世紀ごろにめざましい発展をとげ、中世にはひとつの体系をつくりあげました。カバラの思想はキリスト教の神学研究にも大きな影響を与えたことが知られています。

『ゾハル』

『ゾハル』とは、ユダヤ教で重要な教義とされている『律法』を、神秘思想の考えで解釈し、まとめあげたものです。この文書は、13世紀ごろのスペインのユダヤ教指導者「モーシェ・デ・レオン」が執筆したとされています。

この文書は、『旧約聖書』と『タルムード』と並んで、第3のユダヤ教の聖典とされることもあり、カバラでは重要な書物とされています。

セフィロトの樹

セフィロトの樹とは、ユダヤ、キリスト教両方の聖書に収められた世界の創造物語『創世記』に登場する生命の樹のことです。『創世記』には、生命の樹の果実を食べられることを恐れた神が、アダムとエヴァを楽園《エデン》から追放するというエピソードがあります。

カバラ的に見たセフィロト

カバラでは、セフィロトの樹は神が世界を創造するときに使ったものだとしています。神は我々のいる宇宙とは別の場所から、セフィロトの樹を通じてエネルギーを送り、この世界を作り出した、というのです。

セフィロトの見かた

一般的にセフィロトの樹は「セフィラー」と呼ばれる10の要素と、「パス」と呼ばれる22本の線でつながれた形をしています。各セフィラーにはそれぞれ対応した天使がおり、そのセフィラーを守護しているのです。

ケテル（至福）
対応する天使：メタトロン
人間の最終的な進歩と、神の意志や考え、創造をあらわしています。
ビナー（理解）
対応する天使：ツァフクィエル
「至高の母」とも呼ばれ、女性とは何であるかをあらわしています。
コクマー（知恵）
対応する天使：ラジエル
「至高の父」とも呼ばれ、男性とは何であるかをあらわしています。
ゲブラー（法）
対応する天使：カマエル
神が人間に裁きを下すときに使われる力をあらわしています。
ケセド（愛）
対応する天使：ツァドキエル
神が人間に与える祝福のみなもとになるものだとされています。
ホド（栄光）
対応する天使：ラファエル
人間の内面的な部分を、目に見える状態にしたものだとされます。
ティフェレト（美）
対応する天使：ミカエル
人間の存在の中心になっているものや、人間の目的をあらわしています。
ネツァク（勝利）
対応する天使：ハニエル
人間の根底にある美と、祝福との結びつきをあらわしています。
イエソド（基礎）
対応する天使：ガブリエル
人間の生命を守る、精神的なものの基本をあらわしています。
マルクト（王国）
対応する天使：メタトロン（サンダルフォン）
我々のこの世界をあらわしていて、カバラでは最初の世界だとされます。

カバラでは、セフィロトの樹は「神による世界や人間の創造」をあらわしているのだと考えられている。神の聖なる力はセフィロトの樹の頂上であるケテルから流され、我々の住むマルクトまで落ちてくる。そうして神は世界を創ったのだという。

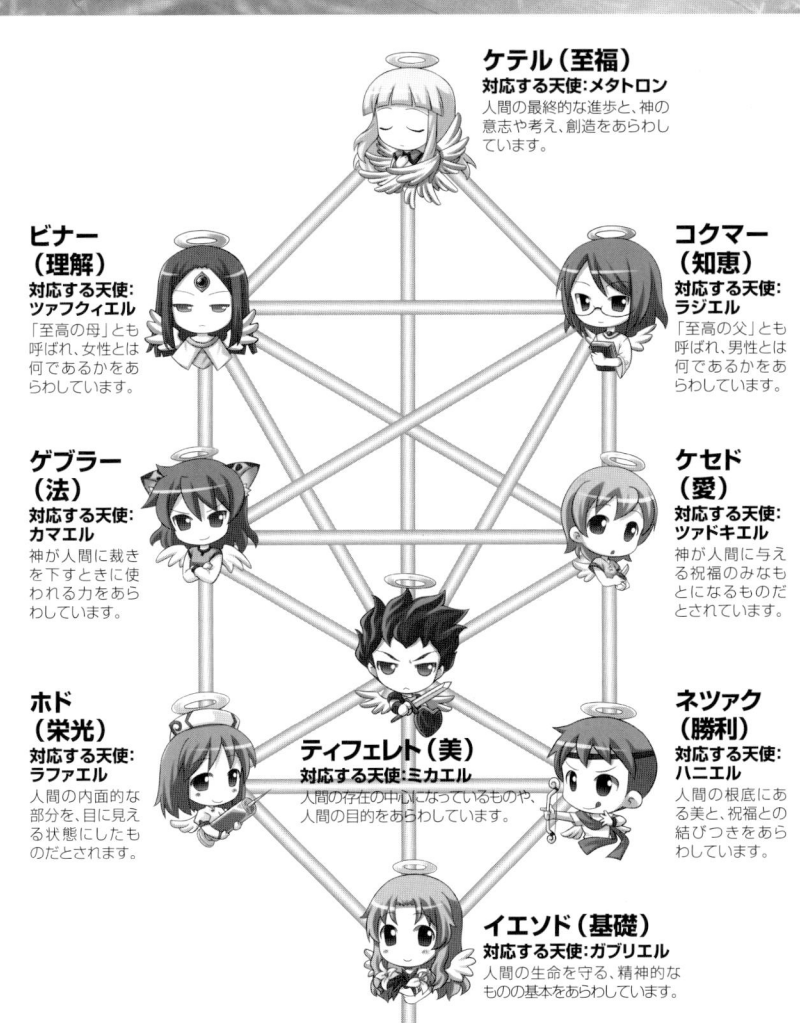

イスラム教

世界で2番目の信者数を持つ巨大宗教、イスラム教。近年ではなにかとキリスト教、ユダヤ教との対立が取りざたされていますが、じつはイスラム教とキリスト教、ユダヤ教は「兄弟宗教」と言ってもいいほど関係の深い宗教だということを知っているでしょうか？

ここではまずイスラム教の成り立ちについて紹介し、さらにイスラム教の教義や宗派などについても触れていきましょう。

イスラム教とは何か?

イスラム教は、唯一神「アッラー」を信仰する宗教です。アッラーはキリスト教やユダヤ教の神「ヤハウェ」と同一存在です。つまりキリスト教やユダヤ教とイスラム教は、同じ神様をべつべつの形で信仰しているのです。

イスラム教の特徴は、神への奉仕を非常に重視し、細かく定められた戒律を守って生活を送る点にあります。また、キリスト教のカトリック教会などと違い、他者を導き神聖な力をもつ「聖職者」がいないことになっています。かわりにイスラム教では「ウラマー」という知識人がイスラム教の教えを説いています。彼らは一般のイスラム教と同列の存在であり、あくまで豊かな知識を布教や説法に生かしているだけなのです。

イスラム教の成立

イスラム教は、7世紀初頭にアラビア半島で成立したとされます。そのころのアラビア半島では、多神教を信仰する人々が大多数でした。

西暦610年ごろ、ムハンマドと呼ばれる人物が、天使ジブリール（←p016）によって唯一神《アッラー》の啓示を受けます。神の言葉を人間に伝える「預言者」として目覚めたムハンマドは、まず手始めに妻や従兄弟、友人を最初の「イスラム教徒」とし、しだいに布教の対象を広げることで信者を増やしていきました。

ムハンマドは多神教を激しく非難したため、他宗教から厳しく弾圧されました。しかしムハンマドの勢力は増大を続け、西暦630年にアラビア半島の都市「メッカ」を制圧。その後、後継者たちが半島を統一し、イスラム教中心のイスラム帝国を成立させました。

イスラム教の聖地分布
イスラエル
エルサレム
イラク
イラン
メディナ
サウジアラビア
メッカ
ほかにも、アフリカの北端の国「チュニジア」に、は「ケルアン」という聖地があります。それと、ここであげた聖地はいずれもスンニ派のものです。シーア派は、これに加えて「ナジャフ」「カルバラ」など複数の聖地を、イランとイラクに持っていますよ。

預言者ムハンマド

ムハンマドは、現在のキリスト教やユダヤ教は神の教えを正確に伝えていないと主張し、自分が天使ジブリールから伝えられた「正しい教え」こそが正当な神の教えだと主張しました。しかし彼は以前のキリスト教やユダヤ教の預言者を肯定的に評価しており、ユダヤ人に対して預言をさずけた預言者だと考えました。そのため「旧約聖書」の預言者たちや、イエス・キリストは、イスラム教でも預言者として尊敬されています。

聖典、啓典

イスラム教最大の聖典は『クルアーン』です。これはムハンマドがジブリールから受けとった、アッラーの啓示を記録したものです。日本ではしばしば『コーラン』とも発音されます。

しかしイスラム教の聖典はこれだけではありません。イスラム教では、聖典『クルアーン』に準じる存在として、3つの「啓典」が定められています。これはイスラム教が、ユダヤ教やキリスト教の重要人物を預言者として認めているためです。

そして、聖典と経典に次ぐ存在として、ムハンマドの言行を記録した「言行録《ハディース》」も、イスラム教の教義を伝えるテキストとして重視されます。

イスラム教の聖典＋α

●四啓典

・クルアーン
イスラム教の聖典にして、4啓典のひとつ。

・タウラート（モーセ五書《トーラー》）
『旧約聖書』の最初の五書。預言者モーセに由来

・ザブール（『詩篇』）
『旧約聖書』の詩集『詩編』。著者であるイスラエル王ダビデに由来

・インジール（福音書）
『新約聖書』に収録された4つの福音書。「預言者」イエスに由来

●言行録

・言行録《ハディース》
預言者ムハンマドの言動を記録した文書

イスラム教の教義と戒律

イスラム教の教義と戒律は「六信五行」と呼ばれる信仰箇条と宗教義務を主軸に成り立っています。ここではイスラム教独特の宗教概念を紹介していきましょう。

六信五行

六信五行とは、イスラム教徒が信じなければならない六つの信仰箇条《アルカーン・イーマーン》と、守らなければならない五つの宗教義務《アルカーン・イスラーム》のことを指します。イスラム教徒にとって六信五行は生活の一部であり、生きていくうえで一番に優先されるべき教義です。

六信

・神（アッラーフ）
アッラーを信じること。
・天使（マラーイカ）
天使や悪魔、精霊を信じること。
・啓典（クトゥブ）
啓典を信じること。
・使徒（ルスル）
預言者（アダムからムハンマドまで）を信じること。
・来世（アーヒラ）
来世、最後の審判、天国と地獄を信じること。
・定命（カダル）
天命を信じること。

五行

・信仰告白（シャハーダ）
「アッラーフ以外に神はなし」「ムハンマドはアッラーフの使徒なり」という二つの言葉を信じる義務。
・礼拝（サラー）
礼拝堂（モスク）で一日5回礼拝をする義務。
・喜捨（ザカート）
社会的に成功した人間が、社会的弱者に援助する義務。
・断食（サウム）
宗教的な試練として、一定期間だけ絶食をする義務。
・巡礼（ハッジ）
聖地「メッカ」にあるカーバ神殿に歩いて訪問する義務。

以上はイスラム教徒の大多数を占める宗派、スンニ派の教義です。しかし、イランやイラクで信仰される「シーア派」という宗派では、六信の内容が違うことがあります。

また、宗派によっては五行に「ジハード」を加えることもあるようです。

「ジハード」

ジハードとは、イスラム教の教義のひとつである「五行」の次に重要だとされる義務です。ジハードは「大ジハード（内へのジハード）」と「小ジハード（外へのジハード）」の二種類に分かれており、「大ジハード」は個人の心の戦いを意味し、「小ジハード」は外部の不義、たとえば異教徒との戦いを意味しています。

非イスラム教徒は、ジハードの意味を「聖戦」と考えます。しかしこれはやや誤解なのです。聖戦はあくまでジハードの一部でしかありません。

このような誤解が生まれた背景には、「小ジハードで戦死すれば殉教者として天国にいける」という教義がありました。イスラム教徒の死を恐れない戦いぶりが、ジハード＝聖戦、というイメージを作り上げてしまったのです。

もっとも最近では、イスラム教との一般市民にとっても「ジハード＝聖戦」という考え方が根強くなり、内へのジハードは忘れられつつあります。

割礼

割礼《かつれい》とは、男性の性器の包皮を切除することです。イスラム教での割礼は、生後7日目から12歳頃までに行うのが通常とされています。ただし成人後にイスラム教に改宗した場合には、強制的に行われずに個人の意志は尊重されます。

宗教的義務として割礼をおこなうユダヤ教徒と違い、イスラム教の割礼はイスラム教の教義というよりも、イスラム教誕生以前からの習慣という意味合いが強くなっています。そのためこのような柔軟な対応が可能になっているのです。

一夫四妻制

イスラム教では、男性ひとりが4人まで妻を持つことを認めています。これは女性差別だとして他宗教から非難されることが多いのですが、このルールは差別的な意図で決められたものではありません。

ムハンマドの生きた時代は戦争が多く、未亡人となる女性が急増していました。そのためムハンマドは、未亡人となった女性の生活を保護するために、生き残った男性が女性と結婚する制度を立てたのです。

ただし、複数の女性を妻に迎えた場合は厳しいルールを守らなければいけません。夫はすべての妻を平等に愛さなければいけないのです。これを守れない者は複数の妻を迎えることができません。一夫四妻は女性差別と言うより、むしろ女性有利の制度であると言って差し支えないでしょう。

しかしそれ以外の部分では話は別です。イスラム教は、女性の服装制限、強姦罪に関わる不利な規定など、男女の社会生活に明確な違いを定めています。これが結果として、女性の権利を男性より低いものにしていることは間違いありません。

妻への愛は平等に♡

イスラム教徒は妻を4人まで持つことを許される
今日はディナの日だぞ～
や～ん
ただしすべての妻を平等に愛さなければならない
今日はサーラの日ですわよ～♡
お・おう
あの～今日は誰の日でもないんですよね?
やっと休める…
ええ誰の日でもありませんわ
た・だ・し
「みんなの日」ですけどねー♪

現在のイスラム教

現在では、イスラム教は発祥地のアラビア半島や中東地域だけでなく、世界中に広がっています。世界で起きるできごとを理解するうえで、イスラム教に関する知識は欠かせません。現在のイスラム教はどのようになっているのでしょうか？

ふたつの宗派

現在、イスラム教の宗派は、スンニ派とシーア派の二大宗派に分けられます。スンニ派とシーア派には多くの諸派があり、それぞれが多様な教義を持っています。

これら二派が分裂した背景には、ムハンマドの後継者争いがありました。最初に後継者と認められたのはムハンマドの友人でしたが、その後ムハンマドの従兄弟とその子孫が正当な後継者であると主張する勢力が出現します。

「友人」を支持し、元来の慣習《スンニ》を守ろうとするイスラム教徒はスンニ派と呼ばれ、「従兄弟」を支持するシーア派と対立することになりました。

スンニ派

スンニ派は、別名「正統派」と呼ばれる宗派です。イスラム教の約9割の信徒を占めていることと、預言者ムハンマドの初代後継者《カリフ》アブー＝バクルを正統な後継者《カリフ》として崇めるため「正統派」と呼ばれています。

シーア派

シーア派は、ムハンマドの従兄弟であるアリー・イブン・アビー・ターリブを、イスラム教徒の共同体《ウンマ》の初代の長である「イマーム」とする宗派です。「イマーム」は第12代目で途絶えてしまいましたが、世界の終末に救世主として現れると信じられています。

政教の同一化

キリスト教を中心とするヨーロッパ社会は、政治と宗教をべつべつの人間が運営する「政教分離」という考え方を発展させてきました。しかしイスラム教はその逆で、開祖ムハンマドが主張した「政教一元論」という考え方を重視し、現在でもイスラム教は政治に大きな影響力を持っています。そのもっとも過激な例が、1979年にイラン革命を起こして国王を追い落とした、シーア派の宗教指導者「ホメイニ師」です。彼は「法学者の統治」という理論をかかげ、イスラム教の法学者「ウラマー」自身が実権を握り、国家を運営しなくてはいけないと主張しました。現在では多くのイスラム教国で民主的な政府が国家を運営していますが、なかには「法学者の統治」を理想にする国も多く、現在でもウラマーの共同体の意見は国家の判断にとって無視できない存在です。

世界中に広がるイスラム教

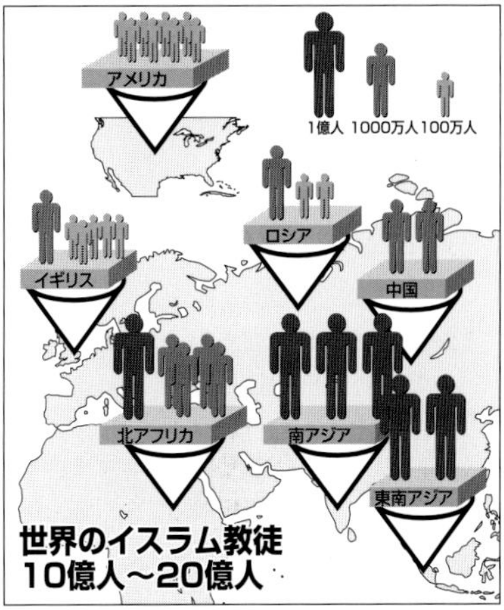

アメリカ
1億人 1000万人 100万人
ロシア
イギリス
中国
北アフリカ
南アジア
東南アジア
世界のイスラム教徒
10億人～20億人

イスラム教というと中東を中心とするアラブ人の宗教というイメージがありますが、現状はそうではありません。現在もっともイスラム教徒が多い地域は、南アジアや東南アジア、北アフリカといった、アラブ人以外の民族が住む地域です。また、英国国教会のお膝元であるイギリスでも、イスラム教はすでに国内第二位の信者数を持つ宗教です。

アメリカでは「ブラック・ムスリム」と呼ばれる黒人《ネグロイド》のイスラム教徒が有名です。黒人解放運動を指導したことで有名な「マルコムX」や、プロレスラーのアントニオ猪木と対戦したことで有名なボクサー「モハメド・アリ」は、どちらもイスラム教徒の「ブラック・ムスリム」なのです。

エルサレム

イスラム教の聖地は「メッカ」「メディナ」「エルサレム」「ケルアン」の4つです。このうち聖地エルサレムは、ユダヤ教やキリスト教の聖地でもあるため、しばしば支配権を巡った争いが起きました。

この争いは現在でも続いており、ユダヤ人国家であるイスラエルと、アラブ人国家であるパレスチナがエルサレムの領有などを巡って何度も武力衝突を繰り返しています。

仲良くしようよエルサレム問題

エルサレムは、いま世界でいちばん危険な紛争地域かもしれません。なぜみなさんがこんなにエルサレムを奪い合うかというと、この街にはユダヤ教、キリスト教、イスラム教の聖地がこれでもかと密集しているからなのです。

破壊されたユダヤ教の神殿のうち、唯一壊されずにすんだ「嘆きの壁」、キリスト様がはりつけにあった「ゴルゴダの丘」、ムハンマドさんが天馬に乗って天国へ旅した出発点「岩のドーム」などなど……あげればきりがありません。

わたくしは３宗教のどちらとも仲良しですからとても悲しいです。争うのをやめて、なんとか仲良く使ってもらえないものでしょうかね？

ゾロアスター教

現在のイラン周辺で誕生した「ゾロアスター教」という宗教があります。この宗教は世界最古の宗教といわれ、ユダヤ教やキリスト教など、のちの宗教にも影響を与えました。

ゾロアスター教は、ユダヤ、キリスト教のように多くの天使が登場する宗教です。ここでは、ゾロアスター教に登場する天使について紹介していきます。

ゾロアスター教の天使観

天使たちは最高神「アフラ・マズダ」の手足となり、信者たちを善の道へと導く存在です。また、世界に存在するあらゆるものを、管理し守護するのも彼らの大事な役割です。

もちろん、存在するのは天使だけではありません。ゾロアスター教には悪魔もいて、隙を見ては信者たちを悪の道に引きずり込もうとします。天使たちは信者を守るため、日夜悪魔たちと戦っているのです。

天使の組織

ゾロアスター教の天使たちは、上から順に「アムシャ・スプンタ」「ヤザタ」「フラワシ」と、3つに分けられています。

アムシャ・スプンタは、ひとりにつき何体かのヤザタを部下に従えて、グループをつくっています（右の図参照）。彼らはグループ内の天使同士で協力して、仕事することもあるのです。

組織のなかで特殊なのがフラワシです。彼らは特定の天使たちとグループにならず、天使のなかで一番低い地位にいます。ただし一部の説では、フラワシは「完全」をつかさどるアムシャ・スプンタ「ハルワタート」の部下となっています。

天使の組織図

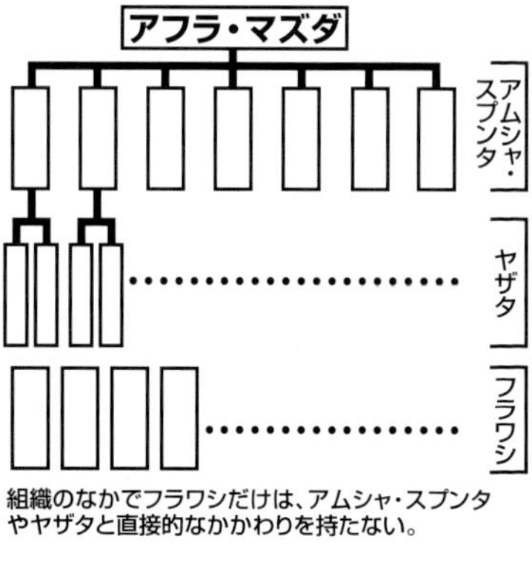

組織のなかでフラワシだけは、アムシャ・スプンタやヤザタと直接的なかかわりを持たない。

天使の種類と役目

ゾロアスター教の天使は、階級によって役目が違います。ここでは、それぞれの階級の天使がもつ役割がどんなものか紹介します。

・アムシャ・スプンタ

最高神アフラ・マズダの直属の部下の天使です。彼らのおもな役目は、ゾロアスター教の教義を信者たちに教えることです。

・ヤザタ

いわゆる一般的な天使です。おもに「水」や「幸福」など、生活に密着したものを守護しています。そのため、なかにはアムシャ・スプンタよりも信仰されたヤザタもいます。

・フラワシ

天使に分類されていますが、フラワシはむしろ「精霊」と呼ぶべき存在です。すべての生物は、自分のフラワシをもつと考えられています。

ユダヤ、キリスト教との違い

ゾロアスター教には、ユダヤ、キリスト教とは違う独自の天使観があります。

まずゾロアスター教の天使は（学者や時代によって多少の違いはありますが）前ページで書いたように、組織図がハッキリとしています。一方、ユダヤ、キリスト教では、学者によって天使の住んでいる場所や階級がバラバラであることが多いのです。

ゾロアスター教の天使にはハッキリと性別があるのも、大きな特徴です。ユダヤ、キリスト教の天使は基本的に中性の存在とされているため、性別がありません。

フラワシの存在もゾロアスター教独自のものです。フラワシはすべての生物についている守護霊のような存在ですが、このフラワシは、スプンタ・マンユを除いたすべての天使にもついているのです。「天使が守護霊をもつ」というのは、ユダヤ、キリスト教ではとても考えられないことです。

○×で体を清めましょう

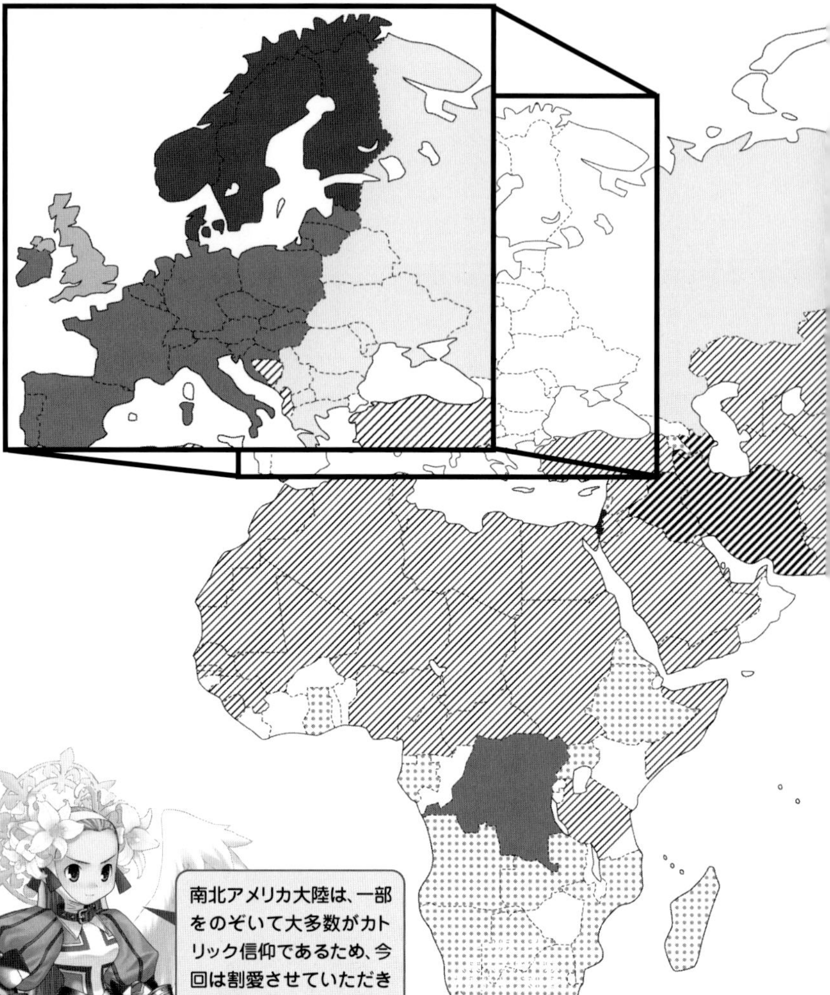

南北アメリカ大陸は、一部をのぞいて大多数がカトリック信仰であるため、今回は割愛させていただきました。カトリック以外にも、プロテスタントや英国国教会、スリナムというイスラム教の信者が多い国もあるんですよ。

世界宗教地図

ここでは、外務省のホームページを参考に、
それぞれの地域でどの宗教が一番信仰されているかをまとめた。

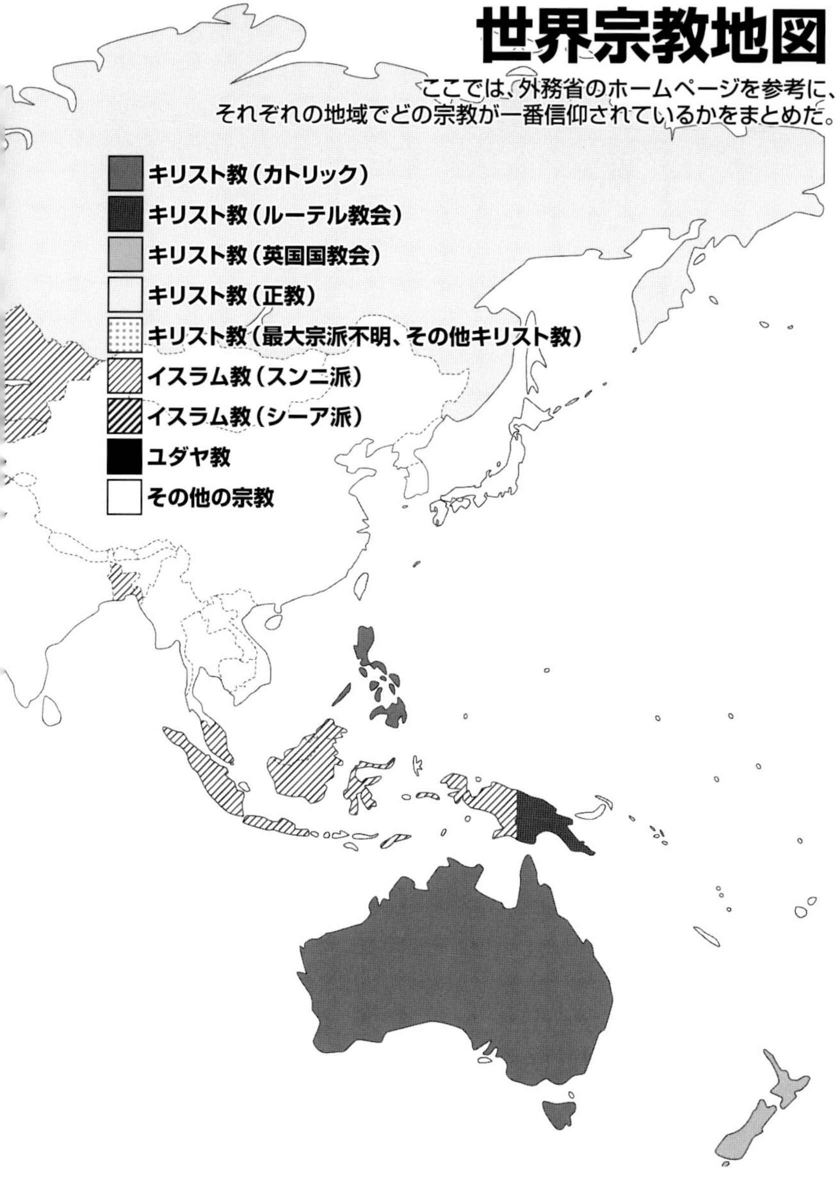
キリスト教（カトリック）
キリスト教（ルーテル教会）
キリスト教（英国国教会）
キリスト教（正教）
キリスト教（最大宗派不明、その他キリスト教）
イスラム教（スンニ派）
イスラム教（シーア派）
ユダヤ教
その他の宗教

「アブラハムの宗教」の分化の歴史

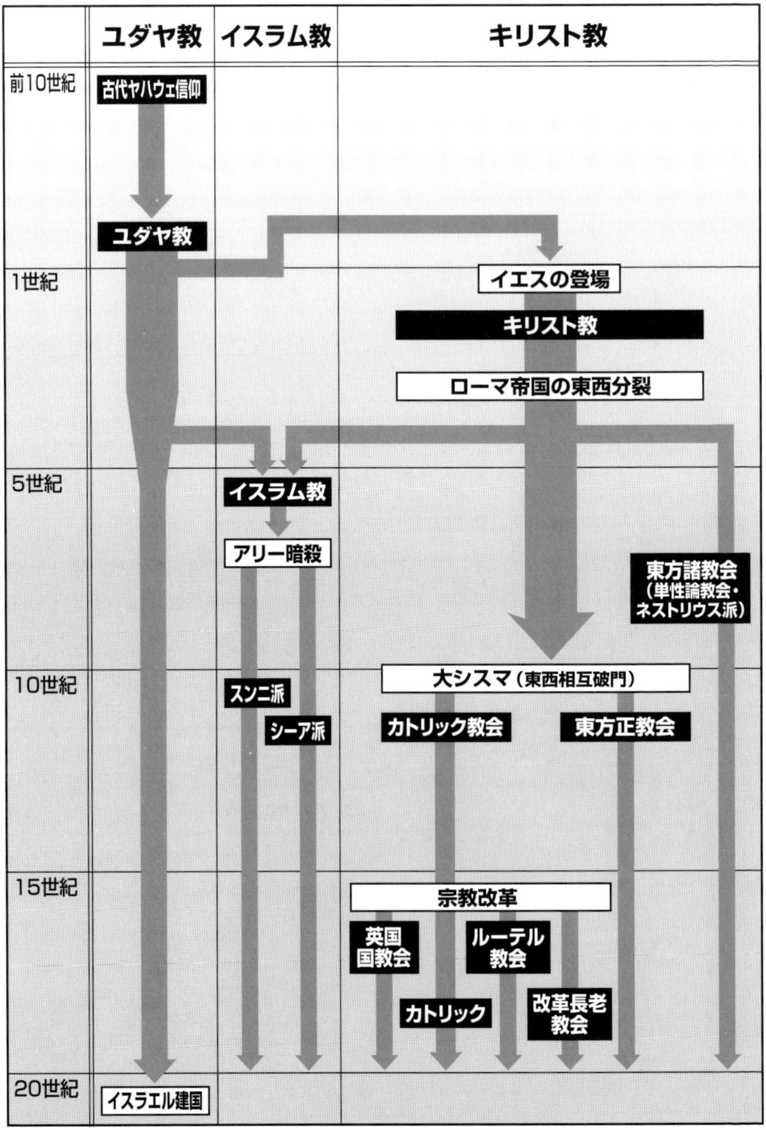

ユダヤ教
イスラム教
キリスト教
前10世紀
古代ヤハウェ信仰
ユダヤ教
1世紀
イエスの登場
キリスト教
ローマ帝国の東西分裂
5世紀
イスラム教
アリー暗殺
東方諸教会
（単性論教会・
ネストリウス派）
10世紀
大シスマ（東西相互破門）
スンニ派
シーア派
カトリック教会
東方正教会
15世紀
宗教改革
英国
国教会
ルーテル
教会
カトリック
改革長老
教会
20世紀
イスラエル建国

■参考資料

『ペルシア神話』 ジョン・R・ヒネルズ／井本英一、実西峻介 訳（青土社）

『キリスト教を知る事典』 高尾利数（東京堂出版）

『ケルト神話・伝説事典』 ミランダ・J・グリーン／井村君江 監訳（東京書籍）

『聖人事典』 ドナルド・アットウォーター、キャサリン・レイチェル・ジョン／山岡健 訳（三交社）

『ゾロアスター教の神秘思想』 岡田明憲（講談社現代新書）

『ケルト神話』 プロインシァス・マッカーナ／松田幸雄 訳（青土社）

『ユダヤ教』 ダン・コーン＝シャーボク／熊野佳代 訳（春秋社）

『世界宗教事典』 ジョン・R・ヒネルズ　編／佐藤正英 監訳（青土社）

『世界の神話伝説　総解説』（自由国民社）

『天使伝説』 パオラ・ジオベッティ／鏡リュウジ 訳（柏書房）

『失楽園（上下）』 ジョン・ミルトン／平井正穂 訳（岩波文庫）

『アイルランド文学史』 尾島庄太郎、鈴木弘（北星堂書店）

『ゾロアスター教』 P・R・ハーツ／奥西峻介 訳（青土社）

『天使の世界』 マルコム・ゴドウィン／大滝啓裕（青土社）

『天使辞典』 グスタフ・デイヴィッドスン／吉永進一 監訳（創元社）

『天使VS悪魔』 ピーター・ミルワード／松島正一 訳（北星堂書店）

『カバラの道　生命の本』 ゼブ・ベン・シモン・ハレヴィ／松本ひろみ 訳（出帆新社）

『ゾロアスター教　三五〇〇年の歴史』 メアリー・ボイス／山本由美子 訳（筑摩書房）

『ペルシアの神話「王書」（シャー・ナーメ）より』 黒柳恒男（泰流社）

『世界の歴史9　ペルシア帝国』 足利惇氏（講談社）

『聖書外伝偽典3　旧約偽典Ⅰ』 日本聖書学研究所 編（教文館）

『聖書外伝偽典4　旧約偽典Ⅱ』 日本聖書学研究所 編（教文館）

『ゾロアスター研究』 伊藤義教（岩波書店）

『ミトラの秘儀』 フランツ・キュモン／小川英雄 訳（平凡社）

『天使　浮揚と飛行の共同幻想』 ユッタ・シュトレーター＝ベンダー／高木昌史 訳（青土社）

『世界文学全集　神曲』 ダンテ・アリギエーリ／平川祐弘 訳（講談社）

『宗祖ゾロアスター』 前田耕作（ちくま書房）

『天国と地獄の事典』 ミリアム・ヴァン・スコット／奥山倫明　監修（原書房）

『天国と地獄の百科　天使・悪魔・幻視者』 ジョルダーノ・ベルティ／竹山博英、柱本元彦 訳（原書房）

『地獄とは何か』 大法輪閣編集部（大法輪閣）

『ユダヤ教の本　旧約聖書が告げるメシア登場の日』（学研）

『ゾロアスター教　神々への讃歌』 岡田明憲（平河出版社）

『ゾロアスター教の悪魔祓い』 岡田明憲（平河出版社）

『ユダヤ教』 ダン・コーン＝シャーボク／熊野佳代 訳（春秋社）

『ユダヤ教　改訂版』 マルサ・モリスン＋スティーヴン・F・ブラウン／秦剛平（青土社）

『エリアーデ世界宗教事典』 ミルチャ・エリアーデ　ヨアン・P・クリアーノ／奥山倫明 訳（せりか書房）

『ユダヤ教の考え方　その宗教観と世界観』 ミルトン・スタインバーグ／山岡万里子　訳、手島勲矢　監修（ミルトス）

『これだけは知っておきたい三大宗教』 武光誠（ナツメ社）

『世界の宗教と経典　総解説』（自由国民社）

『古代オリエント事典』 日本オリエント学会 編（岩波書店）

『キリスト教』 スティーヴン・F・ブラウン／秦剛平（青土社）

『聖人　神的世界への同伴者』 ユッタ・シュトレーター＝ベンダー／進藤英樹 訳（青土社）

『イスラーム辞典』 黒田壽郎（東京堂出版）

『岩波イスラーム辞典』（岩波書店）

『フランス革命史』 F・ブリュシュ、S・リアル、J・テュラール／國府田武　訳（白水社）

『フランス革命小史』 河野健二（岩波新書）

『天使辞典』 グスタフ・ディヴィッドスン／吉永進一 監訳（創元社）

『天使　神々の使者』 P・L・ウィルソン／鼓みどり（平凡社）

『聖書百科全書』 ジョン・ボウカー　編／荒井献＋池田裕＋井谷嘉男 監訳（三省堂）

『おはなし天文学　3』 斉田博（地人書店）

『聖書の世界　総解説』（自由国民社）

『聖書の世界　総解説　全訂新版』（自由国民社）

『新イスラム事典』 日本イスラム教会＋島田襄平＋板垣雄三＋佐藤次高 監修（平凡社）

『イスラム教　改訂版』 マシュウ・S・ゴードン／奥西峻介 訳（青土社）

『天使と人間』 ルドルフ・シュタイナー／松浦賢 訳（イザラ書房）

『日本「キリスト教」総覧』（新人物往来社）

『図説　地図とあらすじで読む聖書』 舟木弘毅 監修（青春出版社）

『天使の事典　バビロニアから現代まで』 ジョン・ロナー／鏡リュウジ、宇佐和通 訳（柏書房）

『図説　天使と聖霊の事典』 ローズマリ・エレン・グィリー／大出健 訳（原書房）

『図説　天使百科事典』 ローズマリ・エレン・グィリー／大出健 訳（原書房）

『聖書入門』 山形孝夫（ナツメ社）

『イスラームと近代』 中村廣治郎（岩波書店）

『トマス・アクィナス』 稲垣良典（講談社学術文庫）

『神学大全』 高田三郎 訳（創文社）

『シャネルの真実』 山口昌子（人文書院）

『フロレンス・ナイチンゲールの生涯（上下）』 セシル・ウーダムースミス（現代社）

『木星大赤斑の謎とベツレヘムの星』 飛鳥昭雄、三神たける（学研）

イラストレーター紹介

『萌え萌え天使事典』では、32名の素敵なイラストレーターさんが参加してくださいました。
ここでは、参加してくださった皆様を紹介いたしますね。

あさば

●ハオマ（P107）

はもぐら

http://asaba.lolipop.jp/

今回描かせてもらったハオマは「酒の天使」との事ですが、ボクは酒で失敗ばかりしているので助けて欲しいものです。ああ……今日も空の酒瓶が増えていく（堕

あみみ

●ソフィア＆デミウルゴス（P075）

●イーサー（P089）

●扉キャラクター

えむでん

http://yokohama.cool.ne.jp/m_den/

最初のラフで「天使さんたちに光輪と翼をつけてあげてください」って言われちゃいました。天使さんたちのファッション流行に疎い私。天使さんたちに田舎者って言われないために、もっと勉強しなきゃいけませんね。光輪のデザインを工夫するの楽しかったです。

柏餅よもぎ

●ミスラ（P111）

よもぎがそまβ

http://yomogi.cubicplus.net/

今回は棍棒持ったミスラさんを担当させてもらいました。ふだんはイラストとかイラストコラムを中心にいろんなところでお仕事させてもらってますので、見かけたらどうぞよろしくお願いします。

空中幼彩

●ベツレヘムの星（P071）
●ピンナップ

空中幼彩です。イラストのお仕事や、ゲームの原画をやったりしています。今回はピンナップということで、動きと広がりが感じられる、ダイナミックなイラストになるよう頑張ってみました。空も女の子も明るく明るく……やっぱり女の子は明るいのが一番ですね。

ぱぐぱぐまぐぅ

http://pagumagu.com/

けいじえい

●ミカエル（P014）
● ラジエル（P041）
●イスラフィール（P087）

けいじえいと申します～おもにエッチぃ方面のイラスト等を細々と描かせてもらったりしています。今回はラジ様イスラ様に加えてミカエル様まで描かせて貰えることになり1人で興奮してました！でもお話を頂いた際に耳を疑ったのはナイショですよ？

ももかんエゴイズム

http://momocan.egoism.jp/

ga015

●ハラリエル（P127）

はじめまして、ga015と申します。ブログでほそぼそと主にエロ絵を描いております。こういう場は初めてということもあって、編集様にいろいろご心配をおかけしたりご迷惑をおかけしたのも今では良い思い出です。…正直、すまんかったです。

分別不能

http://ga015.blog50.fc2.com/

C-SHOW

●案内キャラクター
●巻末漫画

C-SHOWと申しますものです～。アスタロト、グレム＆ハニャに続いて、ガブリエルさんを描きました。今回のコミックはループものなのですよ。天使辞典を読み終わってから悪魔事典を読むと、セリフひとつも違った意味に取れるそうですよ。お試しください～

おたべや

http://www.otabeya.com/

大孛輝*はな

●ティシュトリヤ（P109）

90年代少女漫画風味のエッチな漫画を描かせていただいています、大孛輝*はなです。この度、声を掛けてくださったTEASさんに感謝です。萌え萌えにできたか不安ですが、見てやってください。

々仝(ノマヘエ)

●アナフィエル&クシエル（P063）

●アサリア（P121）

ここで萌え萌えクイズです！　以下に当てはまる共通の単語は何でしょう？　『白衣の○○』『○○のブラ』『ポ○○ャル』　……ちゃうわ！　白衣の悪魔ってなんやねん…禍々しい…あんな人たちと一緒にしないでください!!

々の間

http://www7a.biglobe.ne.jp/~noma2/

ふみひろ

●サリエル（P043）

●ウォフ・マナフ（P099）

赤瞳と控えめな胸スキーなみなさんこんにちは。ふみひろです。今回も赤い瞳と控えめな胸を導入。て言うか天使絵なのに天使っぽくない雰囲気になってますが・・・・うーむ。という訳で同じ属性な皆さまよろしくです。

夜の勉強会

http://home10.highway.ne.jp/yoru/

ヌシカ／ショーゴ

●ヴィクター（P061）

●アブディエル（P119）

12-Knights

http://12kns.sunnyday.jp/

大場陽炎

●ハニエル（P047）

Dadacha

http://dadacha.sakura.ne.jp/daisuke/

和馬村政

- ライラ（P057）

ACID EATERS

http://nx.jpn.org/~malce/muramasa/

cruccu

- にがよもぎ（P051）
- カマエル（P055）
- スリア（P067）

鳩小屋

http://cruccu.net/

KEN+

- ラグエル（P039）
- スラオシャ（P104）

KENnoARE

http://ken.neko.ne.jp/

さくも

- モロナイ（P123）
- 4コマ漫画
- モノクロカット

からたま

http://www.h7.dion.ne.jp/~k.t

さとーさとる

- ザドキエル（P049）

AABA

http://www.16kenme.com/aaba/

了藤誠仁

- ラファエル（P021）
- サマエル（P079）

mstl-60997

http://tokyo.cool.ne.jp/masteless/

シコルスキー

- ガブリエル（P017）
- ドゥビエル（P069）

グググググ

http://sikorsky.sakura.ne.jp/

はわわ、こんなにたくさんの作家さんが描いてくださったんですね〜。魅力的な天使様をたくさん描いてくださって、ありがとうございましたです〜！

すーぱーぞんび

●ケルビエル（P053）

ぞんびと愉快な仲間たち

http://www16.ocn.ne.jp/~yamayo7/

とんぷう

●アナーヒター&アシ（P101）

●モンスの天使（P116）

ROCKET FACTORY

http://rocketfactory.jpn.org/

なつきしゅり

●レミエル（P037）

●ベアトリーチェ（P125）

Lunatic'a

http://lunatica.main.jp/

成田りうく

●ハドラニエル&ナサギエル&ザグザケル（P064）

みみみみ

http://mimimimi.net/

フジヤマタカシ

●アダメル&ヘルメシエル（P059）

●ムンカル&ナキール（P093）

The Latest Engine Rev.

http://www.neko.ne.jp/~fujiyama/

本町圭祐

●イズラィール（P085）

本町の交差点

http://www.cc9.ne.jp/~ksk/

この本を書いた人皆様は「TEAS事務所」といって、書籍や雑誌の執筆、編集を中心に活動していらっしゃる方々なのですよ。公式ホームページもあるそうですから、一度遊びにいってみてはどうでしょう？アドレスは以下のとおりですね。

http://www.otabeya.com/

ヤサカニアン

●メルキセデク（P081）

ヤサカニズム

http://www12.plala.or.jp/yasakanism01/

蒔島梓

●ウリエル（P024）

退避ミキサァ

http://www7a.biglobe.ne.jp/~ost/

美弥月いつか

●サンダルフォン（P033）

●マリク（P091）

COLERFULL BLOG

http://miyatuki.sakura.ne.jp/blog/

八城惺架

●スプンタ・マンユ（P97）

CROWN

http://happytown.orahoo.com/crown/

深崎暮人／黒谷忍

●ヤハウェ（P009）

●メタトロン（P030）

Cradle（クレイドル）

http://cradle.cc/

美和美和

●表紙

SyntheticGarden

http://www.syntheticgarden.com/

「悪魔」「天使」事典のスティック・ポスターを抽選で100名様にプレゼント！

4月に刊行した『悪魔事典』とこの『天使事典』のカバーの袖（折り返した部分）にあるイラストを官製はがきに添付してお送りください。

抽選で100名の方に『悪魔事典』と『天使事典』のポスターをセットにしてプレゼントいたします。

●送付先：〒150-0036東京都渋谷区南平台町3-13渋谷STビル4F　イーグルパブリシング「ポスタープレゼント」係

●締切り：平成19年8月末日（消印有効）

＊応募はがきには住所・氏名・年齢を明記してください。（個人情報はプレゼントの抽選にのみ使用します）なお、発表は発送をもって代えさせていただきます。

■天使・悪魔索引

天界巡りツアー、これにて終了！

グレムさん、グレムさんにお電話ですよ。
なんでも、地獄からだそうです。

地獄からデスか……？　はっ！　まさかアスタロト様！
（受話器をひったくって）お、お待たせしましたなのデス！

は～い、グレムちゃんお疲れさま♥
天国旅行、楽しんでるみたいねん？　うらやましいわ～♪
それと、ハニャエルちゃんの件はどうなったかしら～？

あわあわ、楽しんでるだなんてそんな……あ、ハニャの件は解決したのです、せーふなのデス、いますぐ戻ってくわしく報告するデス！（ガチャ）
……ってわけで、地獄に帰るデス、じゃあな、ハニャ天！（パタパタ～）

あら、行ってしまいましたね、まるで嵐のようです……
さて、気を取り直してハニャエルさん、リハビリはいかがでした？

はい、だいぶ色々なことを思い出してきたのですよ。
あ、あと、いままで知らなかったいろんな先輩方のことを知ることができたですし、イスラム教やユダヤ教のこともわかったのがよかったです！

それはよかったですね。これからは「別の宗教だから敵！」なんて言わないで、仲良くしなくてはいけませんよ。

あと、聖書ってものにとっても興味がわいてきたのです！
正直、聖書って神様のありがた～～～い言葉が書いてあるだけの本だと思ってたのです。でもよく見たら、いろんな物語が入ってて楽しそうなのです。

（本棚から聖書を取り出して）そうですね。読んでみるといいですよ。
（パラパラとページをめくり）こんなに厚い本ですけれど、一個の文書はそんなに長くないのですから。あと、聖書の解説本もおもしろいですよ。

はいです！
さっそく本屋さんにいって、楽しそうな解説本を探してくるのですよ！

みなさんにも、わたくしたち天使のことをもっと知っていただきたいですね。
それではハニャエルさん、最後にご挨拶いたしましょう。

ありがとうございました！

あれから
ひと月….
グレムさんは元気にしてみえるでしょうか….
ハニャエル――
ハニャエル?
はーい
ハニャエル
グレムに会いたくはありませんか?
いいのですか!?
はい
地獄に行って悪魔のことをアレコレ調べてくるのです
グレムさんも気を許してるでしょうし きっとポロポロ秘密をもらしてくれますよ♪
それって…
スパイ?
vs
スパイ
ええ。おまえの情報をもとに、地獄と大戦争です
皆殺しで大勝利ですよ
にっこり☆
で、でも!悪魔にもグレムさんみたいな良い人がっ
オロオロ
….余計な知恵をつけてしまったようですね….

「萌え萌え悪魔事典　side黒」へ、つづく

萌え萌え天使事典 side白

2007年7月2日　初版第1刷発行

編　者　天使・悪魔事典制作委員会
発行人　藤森英明
発行所　株式会社イーグルパブリシング
〒150-0036　東京都渋谷区南平台町3－13　渋谷STビル4F
TEL：03-3463-7295
FAX：03-3463-7367

テキスト　岩田和義（TEAS事務所）
こばやし ぶんた
林政和（TEAS事務所）
榎本海月

企画　TEAS事務所

監修　寺田とものり（TEAS事務所）

デザイン　渡辺淳子（クリエイティブ・コンセプト）

印刷所　株式会社ダイトー

ISBN-978-4-86146-128-6

イーグルパブリシングのホームページ
http://www.tp-ep.co.jp/